Lk⁷ 5196   Maximilien Raoul est le pseudonyme de Mr Charles Letellier.

LE
MONT-SAINT-MICHEL
ET
TOMBELÈNE.

IMPRIMERIE D'ÉVERAT,
Rue du Cadran, n° 16.

HISTOIRE PITTORESQUE

DU

MONT-SAINT-MICHEL,

ET DE TOMBELÈNE,

PAR

MAXIMILIEN RAOUL;

ORNÉE DE QUATORZE GRAVURES A L'EAU-FORTE,
PAR BOISSELAT,

SUIVIE D'UN FRAGMENT INÉDIT SUR TOMBELÈNE,
Extrait du Roman du Brut.
Transcrit et annoté par Leroux de Lincy.

A LA LIBRAIRIE D'ABEL LEDOUX,
95, RUE DE RICHELIEU.

PARIS. M DCCC XXXIV.

Il n'est pas de mon caractère d'exploiter les circonstances à mon profit; il ne saurait entrer dans ma pensée de coudre à une œuvre d'art, de philosophie, de larges études religieuses et sociales, les pages fugitives de la politique journalière, et je n'appellerai point sur ce livre l'attention publique par de scandaleuses révélations, que mes principes et ma conscience m'ont fait un devoir de publier ailleurs (1).

Le Mont-Saint-Michel en ligue, tel est le titre d'un roman historique dont ce premier voyage est, si je puis ainsi parler sans rétrécir ou profaner ma pensée, le théâtre avec des cellules pour coulisses, et pour décorations un cloître et une basilique, et de vastes salles, et des voûtes souterraines, et un haut campanile élancé que surplane l'archange éblouissant, et des grèves

---

(1) Voir l'annonce de ce livre dans le catalogue du libraire Gosselin, au mois de janvier 1833.

immenses avec leur sublime horizon de mer ou leur sombre et mystérieux rideau de brouillards.... Mais ce n'est point un drame de quelques jours, un épisode de quelques années dont je veux dérouler les incidens dramatiques sur une scène pittoresque : c'est l'histoire avec ses événemens généraux constatés, avec ses détails familiers, ses secrets intimes; l'histoire étudiée au coin du feu, au fond du monastère comme sur les champs de bataille; l'histoire d'une curieuse époque épiée et prise sur le fait derrière le rideau, à l'aide des vieux et naïfs parchemins qu'elle nous a laissés, et des monumens où l'écho semble encore la raconter, où sa couleur semble avoir déteint sur les pierres, où sa pensée paraît avoir servi de moule aux ornemens architecturaux qui nous transmettent ses traits dominans en caractères hiéroglyphiques.

J'ai concentré mon action dans le cercle du Mont-Saint-Michel, et, le plus souvent, sur ce rocher même, parce que là sont venus se mêler et se heurter les Bretons avec les Normands, les Anglais avec les Français, les catholiques avec les protestans; parce que le Mont-Saint-Michel a été tout à la fois un foyer de guerres sanglantes et un paisible foyer de lumière.

L'époque que j'ai choisie, la seconde moitié du seizième siècle, est celle des derniers éboulemens du moyen âge proprement dit, éboulemens qui se prolongèrent par contre-coup jusque sous Louis XIII et sous Louis XIV, mais qui n'étaient plus que des conséquences faciles à prévoir ; car la France, comme centre du monde social, devait nécessairement passer au creuset de cette réforme qui avait commencé par attaquer le dogme catholique, dogme essentiellement inattaquable, au lieu de s'en prendre aux formes du culte, formes au contraire essentiellement attaquables et variables, puisqu'elles expriment la pensée d'une religion en harmonie avec tous les modes de société, avec tous les systèmes de philosophie possibles, parce qu'elle renferme tous les principes, toutes les vérités susceptibles d'un développement progressif, et ceci de l'aveu même des rationalistes de la doctrine, représentés par MM. Royer-Collard, Cousin et Jouffroy.

Or, voici comment j'ai procédé pour

diriger mes études vers une conclusion naturelle et nécessaire. — J'ai cherché dans la foule des héros, que mettent en scène les vieilles et bégayeuses chroniques et les histoires ou mémoires du temps, un de ces groupes où figurent, naturellement attirés l'un vers l'autre par le sentiment de leur sympathie réciproque et du besoin qu'ils ont l'un de l'autre pour marquer leur sillon dans le monde, les quelques personnages des diverses classes de la société sur lesquels se moulent plus ou moins exactement tous les autres. Ce groupe, je l'ai fait passer, tantôt dispersé, tantôt réuni, à travers les événemens et les incidens de la vie privée et de la vie publique au seizième siècle, événemens que j'ai tâché de ne jamais forcer, et d'harmonier toujours avec ceux que l'histoire nous a transmis authentiquement; et je ne l'ai pas perdu de vue, ce groupe, avant d'avoir regardé tomber le dernier de ses membres, c'est-à-dire le plus fort, impuissant, désormais, dans sa vieillesse et dans son isolement, à supporter les conséquences prochaines, en vue des conséquences éloignées, de la réforme religieuse et sociale.

Mais ce roman historique ne sera que la première partie de mon étude philosophique, et dans la seconde, je soumettrai à la même observation, en choisissant et étudiant un groupe analogue, l'époque qui va s'éteignant aujourd'hui par degrés avec les demi-lumières de cette doctrine, la dernière et la plus haute expression de la réforme religieuse appliquée au dogme catholique.

Que si ce plan est trop vaste, que si

ces questions son trop élevées pour moi au milieu des préoccupations continuelles qui rendent si difficiles aujourd'hui un travail de longue haleine, j'aurai du moins, je l'espère, fait saisir le lien sympathique, si sottement expliqué jusqu'ici, qui nous attache par le cœur et l'ame au moyen âge.

Il y a dans notre cœur, instrument de notre ame, deux cordes sonores et incessamment vibrantes: celle des souvenirs, celle des espérances, et c'est le degré de discordance ou d'harmonie de ces deux cordes avec la troisième, celle des actualités, qui doit révéler, et à nous-mêmes et aux autres, le degré d'imperfection et d'impuissance, ou de pureté, de force et d'influence magique dont notre cœur est capable. Celui qui ne comprend que les actualités ne vivra pas au-delà de l'actualité : il fera entendre des notes énergiques peut-être, mais sans retentissement, parce qu'elles résonneront sourdes sur un instrument ingrat et incomplet, sur un cœur aux deux tiers atrophié.

Et, qu'on y prenne garde, ce que je dis ici n'est pas seulement vrai en matière d'art ; mais je n'ai ni le désir, ni la prétention de faire comprendre ma pensée à cette classe d'actualistes dont l'aveuglement est l'effet d'un égoisme froid et concentré, et non pas d'un enthousiasme ardent et passager, d'un accès fébrile de dévouement ou d'ambition : ceux-là abandonnent à la multitude, aux femmes, aux enfans, aux artistes et aux prêtres, le domaine du passé et de l'avenir, des souvenirs, des espérances et des prévisions ; eux, ils calculent et ne prévoient pas; pour eux, tout ce qui est inaccessible aux sens, tout ce qui ne peut s'exprimer par chiffres, est illusoire, chimérique; et puis ils s'étonnent de nous voir les prendre non en pitié, mais en mépris, en dégoût; ils se révoltent alors que nous les traitons de brutes, comme s'il n'était pas cent fois au-dessous de la brute, l'homme qui abdique librement son existence morale pour vivre de la vie des brutes. Ils ne conçoivent donc pas le mépris des esclaves pour les domestiques : « Moi servir li, mais moi esclave, disait un vieux nègre; et li servir l'autre, et li pas esclave, li! »

Malheureusement, le nombre est bien petit aujourd'hui des poètes et des artistes dont la conscience abrite l'inspiration contre le vent capricieux du temps, qui souffle humide et froid à travers le feuillage maigre, étiolé d'une politique sans germe naturel dans le passé, sans développement probable, sans fécondité possible dans l'avenir. Et le nombre est grand de ceux dont l'inspiration s'éteint tout-à-coup, après avoir jeté pendant quelques instans une clarté éblouissante, mais factice, et qui exhale incessamment une fumée noire, infecte aux yeux de la foule ébahie et désenchantée.

C'est que nos hommes d'État ont, depuis dix ans surtout, mis en jeu, et désormais organisé, un système de corruption dont ils ont d'autant plus besoin qu'ils se sentent moins de sympathie dans la nation; car, pour eux, artistes, poètes, écrivains, ne sont que des instrumens qu'il importe d'acheter pour le roi, de peur que la nation ne les adopte. Mais, il faut bien le dire aussi, c'est que du septicisme en matière de religion, l'on passe aisément au scepticisme en matière de morale et d'honneur individuel et politique, parce qu'on finit toujours par se rendre à l'ennemi qui entre le premier en négociation, après vous avoir enveloppé de toutes parts. C'est, encore, qu'on s'est trop habitué à cette vie matérielle, positive, au jour le jour, dont notre gouvernement nous offre le triste exemple depuis vingt ans, et qu'il a traînée si misérablement ces trois dernières années. C'est, enfin, que les développemens récens et remarquables des sciences physiques ont porté les hommes à s'admirer eux-mêmes pour avoir inventé ce qui existait, mais leur ont fait oublier d'en rendre hommage à celui qui a fait ce qui n'était pas. Or, Dieu a créé le monde de telle sorte, que l'homme, arrivant progressivement d'une découverte à une autre découverte, en puisse conclure qu'il y a, qu'il y aura toujours quelque chose au-delà de ce qu'il connaît. quelqu'un au-dessus de lui, une gloire et un bonheur au-dessus de sa gloire et de son bonheur. Mais bien peu d'hommes contemplent avec amour la traînée lumineuse que le monde, en passant, laisse après lui; bien peu surtout ont assez de puissance pour la suivre sans éblouissement jusque sous leurs pieds, et la poursuivre dans l'avenir à force d'intelligence et d'imagination.

Telle est cependant, mais dans sa plus grande étendue, dans sa plus haute portée, la mission du poète et de l'artiste, de l'historien et du philosophe; car l'influence du génie repose sur la connaissance plus ou moins profonde d'un passé plus ou moins éloigné, d'un présent plus ou moins nettement dessiné, et dans le pressentiment vague, ou la prévision formulée d'un avenir plus ou moins prochain.

Aussi, voyons-nous sans étonnement les gouvernemens qui se succèdent laisser tomber en ruine, faire détruire, ou défigurer tout ce qui reste en France de monumens historiques de quelque antiquité : c'est tout au plus s'ils respectent et font semblant d'apprécier ceux que la nation connaît plus, ceux qu'entoure une certaine popularité. Et comment n'en serait il pas ainsi? Les hommes du pouvoir, dans leur orgueil, dans leur entêtement étroit, ont tout juste assez d'esprit pour concevoir qu'à défaut de principes, d'idée mère, de haute et dominante pensée, un gouvernement ne saurait prolonger sa misérable existence qu'en exploitant le présent, et consultant les caprices, mais nullement les sentimens et les besoins de l'époque (car il faudrait remuer le fond des choses, et ils craignent trop ce qui en pourrait sortir). C'est ainsi qu'impuissant à conquérir la vraie gloire, on se pare de tous les lambeaux de la déplorable et inféconde gloire de l'Empire; c'est ainsi qu'on va chercher à grands frais cet obélisque de Louqsor, témoignage éclatant d'une expédition sans but et sans résultat, monument *sacré* d'une histoire étrangère; et qu'en même temps on fait replâtrer, et défigurer un des plus beaux, des plus antiques, des plus admirablement complets monumens de notre histoire, l'abbaye du Mont-Saint-Michel, depuis long-temps prostituée, et dont les annales curieuses comme les magnifiques insignes vont se faire bientôt frustes sous les pieds ferrés des froids geôliers et des détenus, ignorans ou insoucieux, malades ou abrutis qu'ils sont tous.

Hâtons-nous donc d'étudier, au pâlissant crépuscule d'une nuit déjà sombre sur nos têtes, des monumens séculaires que nous ne retrouverons plus peut-être, ou dont nous ne verrons plus que les débris épars à l'aurore de demain! Cherchons, étudions, constatons-les, et tâchons de les conserver, au moins en effigie, pour la postérité, nous qui comprenons l'art, comme la religion, non pas en dehors, mais au-dessus de notre époque et de sa politique; nous, pour qui la religion et l'art, éclairés, échauffés par les rayons divins, sont à l'ame comme est au corps l'atmosphère que nous respirons, que nous parcourons du regard, échauffée, éclairée par les rayons du soleil.

LE VOYAGEUR.

DANGERS DES GRÈVES [1].

ROUTE DE PONTORSON.

Le voyageur qui va au Mont-Saint-Michel par Pontorson, n'a aucun danger à craindre, soit qu'il s'y rende à pied, à cheval, ou même en voiture.

De ce côté, le mont n'est isolé de la terre ferme que par une demi-lieue de grève, et cette grève, qui n'est coupée par aucune

[1] J'ai plutôt exagéré qu'atténué les dangers des grèves, afin de les mieux faire comprendre.

rivière, n'offre point de danger grave. Presque tous les voyageurs font le trajet sans guide.

Il peut arriver cependant que les douaniers qui gardent l'entrée de la grève soient mal instruits sur l'heure de la marée, et vous engagent à vous risquer un peu trop tard. Dans ce cas, le voyageur qui ne se laisse pas effrayer traversera la mer sous la caserne, ou même un peu plus à l'ouest du mont (1), selon les signes qu'on lui fera ou les conseils qu'on lui *huchera* de la porte. Mais, s'il n'est pas complétement de sang-froid, il fera mieux de rétrograder, et il pourra toujours effectuer sa retraite sans danger, même en grande marée. Que s'il s'est laissé entourer par la mer, ce qui est assez rare de ce côté, il peut la passer sans crainte en rétrogradant; car elle n'acquiert qu'assez lentement de la profondeur, sur cette partie plus élevée des tangues, où les courans ne tracent que des sillons peu sensibles.

(1) Par là, j'ai traversé la mer sans danger, un quart d'heure après son arrivée autour du mont.

Il peut aussi arriver que le voyageur trouve des sables mouvans presque sous la porte même de la ville ; sables qui, peu dangereux, d'ailleurs, lui seront indiqués par les habitans. Ces *lises* sont formées par les déplacemens et rapports de sables entraînés dans certains endroits par les courans et les remous. Celles-ci sont délayées par le ruisseau appelé la *Guintre de Courtils*, ou la *rivière du Pont-de-l'Anguille*, qui coule au sud-est du mont, et vient incessamment, par des déviations successives, barrer plus ou moins complétement les abords de la ville au midi. Pour ne s'exposer aucunement, il faut toujours arriver entre la caserne et l'entrée de la ville, à moins que la grève ne soit bien sèche, comme en morte-eau (1), par exemple, ou qu'on ne voie des traces de pas.

Pour ce qui est des brouillards, il peut arriver qu'ils vous enveloppent en quelques minutes, et vous égarent complétement, même

---

(1) Pendant les quelques jours de morte-eau, la mer entoure à peine, et souvent n'entoure pas le mont.

du côté de Pontorson; mais le danger est beaucoup moins grave de ce côté, sous tous les rapports, que dans les autres parties de la grève, et les sinistres sont fort rares, dans cette direction, même par les plus épais brouillards. Au surplus, je me réserve d'en parler ailleurs.

ROUTE DE CHERRUEIX.

Cette route, assez dangereuse, surtout quelques jours avant et après les grandes marées, n'est guère exploitée que par quelques pêcheurs, et les habitans du pays eux-mêmes osent rarement s'y aventurer. Ils gagnent le plus souvent *les Quatre salines,* au lieu de marcher tout droit. Cependant, j'ai traversé plusieurs fois en ligne directe; et, avec les avertissemens que je vais donner pour la route d'Avranches, tout *piéton* ou *cavalier,* homme de quelque sang-froid, pourra en faire autant sans prendre garde aux prédictions des Montois.

ROUTE D'AVRANCHES.

D'Avranches au Mont-Saint-Michel il n'y a que deux lieues et demie à vol d'oiseau ; il y en a trois et demie en suivant la côte par le *Gué-de-l'Épine* jusqu'à *Courtils*, et allant de là en droite ligne ; il y en a quatre en suivant la côte jusqu'à *La Rive;* il y en a cinq par le *Pontaubault* et *La Rive*. Le voyageur timide prendra la route du Pontaubault, et n'aura pas plus besoin de guides et d'avertissemens que celui qui passera par Pontorson. Le voyageur, un peu moins effrayé, qui gagnera le Gué-de-l'Epine, et abandonnera la côte à *La Rive*, ne courra guère plus de dangers. Celui qui passera le Gué-de-l'Epine et tournera le dos à la côte de Courtils, ne s'exposera un peu plus qu'en raison des brouillards. Mais celui qui suivra la grève en droite ligne ira de front contre tous les dangers que présentent les grèves, lesquels, du reste, se réduisent à de très-légers inconvéniens pour l'homme prudent et *sûr de sa tête*. Certes, j'étais loin de posséder tous les renseignemens que je donne ici, lorsque je me suis engagé pour la première fois dans les grèves; mais j'observais, je tâtonnais; c'était même, pour moi, une épreuve intéressante, et des instructions d'un homme de bon sens et de tact m'eussent épargné les quelques expériences hasardeuses qui ont failli m'être funestes. En résultat, voici ce que j'ai appris sur ce point, à mes dépens et à ceux de quelques autres.

Si vous sentez votre imagination vivement frappée des mille et une histoires sinistres et chroniques funèbres dont la dernière scène se joua entre la mer et un homme dans les grèves du Mont-Saint-Michel, arrêtez-vous sur la rive et prenez un guide, ou suivez la côte, fussiez-vous le plus intrépide nageur que les flots aient battu. Mais, si au contraire, vous arrivez sans émotion au bord de la grève, pour peu que vous sachiez nager, avancez et poursuivez votre route *en droite ligne*, sans prendre de guide, et surtout sans prêter l'oreille aux avertissemens, sots ou intéressés, des gens que vous pourriez rencontrer, mais attentif seulement à éviter ou à prévoir les dangers que je vais vous signaler.

VOYAGE A PIED [1].

LES BROUILLARDS.

Lorsque l'état de l'atmosphère offre le plus léger symptôme de brouillard prochain (et cela se voit assez souvent dans les grèves, comme dans les marais, au printemps et en automne surtout), restez sur la côte ou suivez de très-près ses circuits, dussiez-vous faire une ou deux lieues de plus. En pareil cas, l'étranger ne doit même pas s'en rapporter à un guide : l'état des grèves varie tellement à chaque marée, que les plus vieux pêcheurs craignent et doivent craindre le brouillard lorsqu'ils s'éloignent de la rive ou

[1] Ce que je vais dire regarde plus spécialement le voyageur à pied, le voyage à cheval ou en voiture exige des précautions toutes spéciales.

du mont, surtout quand la mer monte ou va monter, parce qu'ils ne peuvent bien se reconnaître qu'aux rivières, et qu'ils sont exposés eux-mêmes à marcher au-devant de la mer, croyant aller directement à la rive.

Si le brouillard vous surprend au milieu de la grève, aussitôt que vous le voyez se former, approchez-vous des bords d'une rivière, lorsque vous n'en êtes pas trop loin, et de la côte dans le cas contraire. Les bords de la rivière sont toujours plus sûrs en raison du courant de cette rivière, qui vous dirige naturellement. Lorque vous marchez vers la rive par un brouillard très-épais, ayez toujours les yeux sur le sable pour interroger la direction des écoulemens d'eau, si petits qu'ils soient; car les traces en restent sur les grèves les plus sèches, dans certains endroits, et il faut toujours aller contre leurs cours. Là où il n'y a que des *sables ondés*, appelés *paumelles* par les gens du pays, le danger est plus grand. Cependant j'ai observé que le versant de ces petits monticules dont l'inclinaison est moins rapide, se trouve assez constamment du côté de la mer ou d'un courant qui s'y jette. Quoi qu'il en soit, il s'en faut que ces indices soient certains, et l'on doit toujours essayer de les confirmer par les observations de l'ouïe, en collant de temps à autre son oreille sur le sable : dans ces grèves sans rochers les bruits ne sont guère interceptés que par le vent et à quelques pieds au-dessus du sol. Il peut arriver (je me suis trouvé dans ce cas) que le brouillard rende impossible l'observation des yeux, et, chose étrange, ne permette pas de voir le sable à un pouce de distance. Alors le toucher et l'ouïe feront de leur mieux.

Dans une excursion que je fis il y a peu de temps avec un voyageur de mes amis à la mare Saint-Coulman, près de Château-Neuf, je me trouvai dans une position beaucoup plus terrible encore, voyageant à pied et obligé de soutenir le moral d'un étranger dont les oreilles tintaient incessamment au souvenir des contes et histoires qu'il avait ouï raconter sur ces grèves.

Nous marchions depuis une heure dans la direction des Quatre Salines, attendu que la mer, encore trop haute, ne nous permettait pas d'aller en droite ligne sur Cherrueix. Une pluie fine tomba d'abord, et fut remplacée par un brouillard aussi épais, aussi blanc que la fumée qui s'élève en tourbillons d'une explosion de poudre. J'avoue que l'effroi me saisit, au premier instant, plus fortement que mon camarade, ignorant qu'il était du danger. Mais je sentis le besoin de diriger ; mon amour-propre s'en mêla, et je dis en souriant :

— Ma foi, mon ami, si je ne connaissais parfaitement le terrain, je crois que je me coucherais, et vous inviterais à en faire autant, en attendant la mer, qui nous porterait endormis au rivage !

Pour toute réponse, il me saisit le bras : nous ne nous voyions plus qu'en nous touchant.

Cependant je me défiais de moi-même, et je m'arrêtai, en fredonnant pour cacher mon hésitation. Or, j'eus l'imprudence de me retourner deux ou trois fois, et, comme mon compagnon en fit forcément autant, il me devint impossible de m'orienter. Cette réflexion me fit battre le cœur avec une force incroyable; je m'assis, et je soutins mon corps comme avec une béquille sur la paume de la main droite. Mon ami s'arrêta debout auprès de moi, et je remarquai une grande inquiétude dans ses yeux, où me permettait de lire le brouillard, devenu moins épais depuis quelques secondes. Je compris la nécessité de simuler une tranquillité parfaite, et reprenant un sourire moqueur :

— Hé bien! m'écriai-je, nous voilà dans les plaines désertes de l'Afrique. Je voudrais, au risque de laisser ici mes os, ne rien connaître à ces grèves, ma parole d'honneur; nous aurions des émotions, nous serions ici entre la rive et la mer, entre la vie et la mort, entre l'espérance et le désespoir...

— Trêve de plaisanterie, me dit-il, voilà qu'il est deux heures, et il faut que nous arrivions ce soir à Château-Neuf.

— C'est vrai, répondis-je.

En disant cela, je conçus un plan que le hasard seul rendait exécutable, et auquel, sans doute, nous devons la vie.

J'avais acheté, en partant du mont deux gros pelotons de ficelle pour mesurer certaines distances à la mare Saint-Coulman et sur la Rance.

— Ne bougez pas de là ou vous êtes, dis-je à mon compagnon, et prenez le bout de cette ficelle. Nous ne pouvons être loin de la rivière; mais je vous avoue qu'en causant et gesticulant, je me suis désorienté. C'est pourquoi je vais marcher jusqu'à ce que je trouve ou entende le Couesnon, ou que notre ficelle soit à bout : de cette façon, nous ne saurions, quoi qu'il arrive, nous enfoncer bien loin dans les grèves.

— C'est bien, me dit-il.

Et il parut se rassurer un peu.

Je fis deux pas, et je le perdis de vue.

Après quinze cents à deux mille marches, la ficelle me manqua. Dans cet état, je pris pour centre mon camarade, et je tournai au bout du rayon, pendant une demi-heure environ, sans rien entendre. Seulement, le brouillard n'étant plus aussi épais au niveau de la grève, je m'orientai sans peine sur la direction que suivaient les ondulations du sable, et je fis à mon camarade l'appel convenu. Il y répondit ; je recommençai mon opération, avec la ficelle, en tournant autour d'un nouvel axe, et ce fut à la troisième épreuve seulement que j'entendis couler le Couesnon à une très-petite distance de ma circonférence.

Mon cœur battit alors de joie comme il avait battu de crainte quatre heures auparavant. Nous remontâmes le courant de la rivière en pelotonnant notre ficelle providentielle, et nous gagnâmes la côte sous la colline Saint-Georges.

Il n'y avait pas dix minutes que nous marchions sur la digue, quand l'air se rafraîchit sensiblement, et précipita le brouillard en pluie. Deux heures après, la mer avait envahi les grèves (1).

Ce récit suffit pour faire apprécier les dangers que présentent les brouillards dans les grèves du Mont-Saint-Michel. Il n'y a qu'un compas de route portatif qui puisse préserver de ces dangers d'une manière bien certaine ; mais je doute qu'il en existe chez un seul habitant

(1) C'était l'avant-veille d'une grande marée.

du pays. Aussi entend-on parler assez fréquemment de sinistres pendant les brouillards d'automne et de printemps.

LES RIVIÈRES. — LES SABLES MOUVANS.

Lorsque vous arrivez au bord d'une rivière, ou même d'un grand ruisseau quelconque dans les grèves, cherchez, pour les traverser, un endroit où les rives soient plates, et à-peu-près ou complétement nulles, ce qui n'est pas rare sur ces tangues molles et légères. Évitez aussi les endroits où la rivière forme un coude. En un mot, passez-la sur un point où vous voyez qu'elle *étale*, c'est-à-dire qu'elle s'étend bien : là il y a moins de courant; là aussi la mer n'a pas creusé de trous ni délayé de *lises*, parce qu'elle a trouvé le passage libre; mais ne passez jamais là où l'eau coule, sur une rive ou sur l'autre, au-dessous d'un *tallard* ou banc de tangue coupé perpendiculairement. Entre ces tallards la rivière est toujours plus profonde, parce qu'elle étale moins aussi, et le courant y est d'autant plus rapide, les trous et les lises d'autant plus fréquens, que la mer y a tracé un sillon moins large, et travaillé avec plus de colère, si je puis ainsi parler.

En observant bien les précautions que je viens d'indiquer, le voyageur passera les rivières sans danger. Cependant, comme il pourrait encore se trouver sous ses pas une lise ou un trou, il fera bien de poser toujours son bâton avant son pied; mais c'est là une dernière précaution qui, mille fois sur une, sera inutile; d'ailleurs, les lises et les trous sont peu dangereux là ou la rivière étale bien sur un lit sans tallards.

On trouve le plus souvent deux pieds et demi d'eau au milieu de la Sée, de la Sélune, du Couesnon, et de la rivière de Genest. Quelquefois on en rencontre trois, très-rarement quatre.

Le voyageur aura soin, lorsqu'il trouvera l'eau un peu profonde, de *piquer* légèrement dans le courant, c'est-à-dire de lui présenter la poitrine plutôt que le dos. Les gens du pays résistent sans peine à un courant qui ne les travaille pas plus haut que l'aisselle;

mais un étranger tient difficilement devant un courant, tant soit peu rapide, qui l'enveloppe seulement jusqu'à l'épigastre, et la moindre distraction le fait se laisser entraîner sans y prendre garde, quand il a de l'eau seulement jusqu'à la ceinture. Voilà pourquoi il est bon de piquer toujours un peu dans le courant; c'est le moyen de ne pas se laisser surprendre. Nous sommes malheureusement ainsi faits, qu'un premier obstacle vaincu nous laisse une confiance sans bornes dans nos forces; et puis nous ne réfléchissons pas assez au découragement qui nous vient abattre, et quelquefois achever, lorsque nous succombons devant une force matérielle, dont nous aurions triomphé, si nous avions appuyé notre énergie physique avec cette force de raisonnement qui n'éveille souvent plus qu'un regret impuissant, lorsque la matière animée cède à la matière brute.

On conçoit, d'après ce que je viens de dire, qu'il n'est pas prudent de traverser les grèves pendant la nuit, à moins qu'on n'en ait acquis l'expérience par une longue et constante habitude. En effet, vous ne voyez les rivières que lorsque vous avez les pieds dedans : il faut un clair de lune très-limpide pour vous faire distinguer la disposition de la rive opposée, et dès lors le passage est hasardeux pendant les mortes-eaux, dangereux pendant les grandes marées.

Quant aux *lises*, ou *tangues* liquides et mouvantes (1), je n'en dirai que peu de mots : si elles offrent réellement quelque danger, ce n'est que dans les rivières ; mais un voyageur timide, et qui ne saurait pas nager, perdrait immédiatement la tête, s'il posait le pied sur une lise en traversant une rivière, et c'est pour cela que les personnes faciles à se démoraliser doivent toujours faire le tour par la côte. J'aimerais mieux conduire un enfant ou une femme qu'un homme timide et froid, à travers ces grèves, où la poésie fait oublier le péril, où la poésie et l'observation font jouir et triompher des dangers les plus graves, les plus imprévus....

Le voyageur à travers grèves, qui va d'A-

(1) On dit indifféremment la tangue ou le sable des grèves du Mont-Saint-Michel.

vranches au Mont-Saint-Michel en ligne directe, est obligé de passer une rivière, *l'Ardée* ou *Sélune*, ou *rivière du Pontaubault*. Quelquefois même, s'il ne prend pas le milieu entre les deux côtes, ou si une grande marée a fait dévier la *Sée* ou *rivière du Pont-Gilbert*, il trouvera aussi devant lui cette rivière, qui, du reste, est peu suspecte, avant de tourner la pointe pour passer devant Saint-Léonard.

Quoi qu'il en soit, ces deux rivières présentent çà et là des gués très-perfides, et qu'on ne traverse pas toujours impunément, même avec de l'adresse et de la présence d'esprit. Or, comme ces gués dangereux varient souvent, dans l'espace de douze heures, pendant les grandes marées, il est important de savoir les reconnaître; voici sur ce point une donnée confirmée par de nombreuses observations, et que les habitans du pays connaissent tous dès leur enfance.

Les *lises* sont des portions de grève quelquefois très-étendues, quelquefois d'un ou deux pieds carrés seulement, où la tangue est, momentanément et par diverses causes particulières, liquide jusqu'à la couche supérieure. Or, comme les couches inférieures, à quelques pieds de profondeur, sont très-liquides dans toutes ou presque toutes ces grèves (1), il en résulte qu'on enfonce assez facilement dans les lises lorsqu'on vient à les rencontrer.

Toutefois, il ne faut pas s'imaginer qu'on y plonge et disparaisse en quelques secondes, et quoi qu'on fasse; mais il est certain que, lorsqu'elles sont bien liquides dans toutes leurs couches, elles peuvent engloutir en quelques minutes un homme complétement démoralisé. Mais aussi celui dont le pied ne fera que s'y poser pour avancer n'enfoncera que de quelques pouces, de sorte qu'en avançant rapide-

(3) Il s'opère dans l'intérieur des tangues, comme des sables et des terres, de petits et nombreux éboulemens successifs, qui font affluer l'eau sur quelques points, en raison de certains mouvemens de terrains, etc., etc. Cette eau reste plus ou moins à la superficie, selon que les couches inférieures sont plus saturées de matières graisseuses ou liquides. Presque partout, dans la grève du Mont-Saint-Michel, les couches inférieures noirâtres sont graisseuses et formées d'un mélange d'argile et de corps animaux ou végétaux putréfiés.

ment sur ces lises, on ne risque absolument rien.

Il y a des lises d'une autre espèce, et dont l'effet sous le pied est tout différent : ce sont celles dont toutes les couches inférieures seulement, mais jusqu'à six pouces ou un pied de la superficie, sont liquides. Lorsqu'on marche sur ces lises, l'ébranlement qui se fait sentir est plus profond et porte bien plus à l'ame : il semble que ce soit le globe terrestre qui s'affaisse en se liquéfiant! Du reste, elles présentent, comme les autres, moins de danger au piéton.

Pour se bien pénétrer de la vérité de ce que j'avance sur les lises, on n'a qu'à s'amuser à piétiner quelques minutes, même sur un endroit presque sec de la grève, et l'on pratiquera une lise factice qui enterrerait son homme, s'il lui en donnait le temps. J'ai vu des enfans s'enfoncer ainsi, et ne plus pouvoir sortir sans aide de leur lise.

En résumé, avec de la bonne volonté, ou beaucoup de frayeur, *on peut s'enliser:* A en croire les Montois, il y aurait beaucoup de trembleurs et de gens de bonne volonté!

Un accident, fréquent dans ces grèves, et qui effraie singulièrement le voyageur exalté, alors qu'il ne se rend pas compte de ce phénomène aussitôt qu'il en est frappé, c'est le dégagement d'air qui se fait entendre derrière lui comme un long soupir, quand il passe dans un endroit d'où la mer ne fait que de se retirer, et où le pied pose sur des soufflés de sable pleins d'air restés dans des fissures bouchées en un clin d'œil par la mer montante; la nuit, cela pourrait véritablement effrayer un étranger.

VOYAGE A CHEVAL.

Pour le voyageur à cheval, tous les dangers que j'ai signalés deviennent plus graves, surtout si l'animal est peureux, ou ne connaît pas ces grèves : dans ce dernier cas, et pendant les jours de marée, je ne ferais qu'avec répugnance la route en droite ligne, et encore faudrait-il que mon cheval eût la bouche et les jambes assez bonnes. Durant la morte-eau, je ferais le voyage sans aucune appréhension ; mais je passerais encore la rivière à pied.

Le cavalier qui viendrait à être surpris par les brouillards n'aurait rien de mieux à faire que de lâcher la bride à son cheval : si ce cheval était du pays, il irait tout droit à la rive ; sinon, il est très-probable qu'il s'y rendrait toujours mieux que le cavalier. Chez les brutes, l'instinct est d'autant plus puissant que l'intelligence est nulle : c'est pour cela que les sauvages, les idiots, les crétins ont des perceptions, des prévisions et des pressentimens si fins.

Voici, au surplus, deux anecdotes qui m'ont été racontées sur les lieux par les personnes en scène, et qui justifieront, je crois, suffisamment le conseil que je donne ici.

M. Vanbès, ancien entrepreneur du Mont-Saint-Michel, étant un jour parti à cheval pour se rendre à sa ferme, située sur la rive à une demi-lieue du mont, fut surpris à moitié route par un épais brouillard, et, après avoir cheminé près d'une demi-heure au trot de son cheval, il s'aperçut, au bruit de l'eau, qu'il clapotait dans le flot de la mer montante. Aussitôt il lâche bride, son cheval fait volte-face, prend le galop, et le porte à la rive, que la mer vient battre dix minutes plus tard, tandis que M. Vanbès, habitué du pays, est encore à se remettre de son émotion.

M. Martin, directeur actuel de la maison centrale, revenant à cheval de la chasse avec quelques amis, fut surpris dans la grève par un brouillard qui voila en un clin-d'œil le ciel le plus pur et le plus brillant soleil, vers la fin d'une journée de chaleur. Plus habitué aux phénomènes de cette nature que ne l'étaient ses compagnons, et ayant d'ailleurs un cheval dont l'écurie était au Mont-Saint-Michel, M. Martin leur ordonne de rester, en l'attendant, à la place où ils sont, et il marche dans la direction qu'il croit la meilleure. Il allait au pas de son cheval depuis un quart d'heure, c'est-à-dire depuis plus de temps qu'il ne lui en eût fallu pour arriver en droite ligne, lorsqu'il crut entendre sur sa gauche le son éloigné du tambour. Penché sur le cou du cheval arrêté, il écoute, entend plus distinctement le même son à gauche, tourne bride dans cette direction, et arrive à un petit ruisseau à quelques pas de la porte. Cependant, ne distinguant encore ni les rochers, ni l'édifice, et n'entendant plus personne, il appelle à haute voix son domestique.

— Me voilà, monsieur, répond celui-ci :

— Comment, malheureux, vous savez que je dois rentrer à cette heure pour dîner, vous voyez le brouillard, et vous venez sans lanterne !

— Monsieur se trompe, j'en ai une dans chaque main.

En effet, M. Martin fait un pas de plus, et froisse de la cuisse les deux lanternes de son domestique; alors seulement il aperçoit leur clarté douteuse, mais non pas les mains qui les portaient.

Quelques coups de fusils éveillèrent l'attention des autres chasseurs, et les dirigèrent ; ils étaient à un millier de pas du mont!

Malheureusement, le brouillard amortit le son, et fait qu'un coup de fusil ne peut avertir que dans un cercle assez borné ; puis il n'est pas si aisé qu'on le pense, même dans ces grèves plates, de juger d'où est partie une détonnation. Sans cet inconvénient, il serait facile de rallier les voyageurs surpris par le brouillard, en tirant de temps à autre un coup de canon de sur le mont, ou en sonnant une grosse cloche.

Quant aux lises, elles peuvent effrayer un cheval fougueux, et démonter un mauvais cavalier ; mais c'est là le moindre danger ; et il arrive souvent qu'un cheval s'y enfonce de telle façon qu'on ne l'en retire que très-difficilement ou point du tout. On doit tout d'abord donner vigoureusement de l'éperon, lorsqu'on sent le cheval enfoncer ; puis il faut tourner d'un côté ou de l'autre. Dans le cas où le cheval serait peureux, ou viendrait à se prendre de peur, il serait prudent de retourner sur ses

terne, je reconnus cependant une bonne disposition de rives, et, après avoir mis mon rouleau de papier dans ma poche et posé sur le pommeau de la selle un petit paquet où était, entre autres objets, un vieux couteau de chasse assez original que j'avais ramassé sur ma route, je fis monter Boisselat en croupe pour lui éviter un bain, assez froid par le vent qui régnait ce soir-là.

La rivière étalait merveilleusement dans cet endroit, et nous ne trouvâmes que deux pieds d'eau, de sorte que le courant ne pouvait être bien rapide. Cependant, le cheval me paraissant fléchir du train de derrière, j'avertis Boisselat qu'il eût, puisqu'il était en croupe, à sauter de suite à l'eau si notre coursier s'acculait au courant ou s'enfonçait légèrement dans le sable, et puis à le hâler vigoureusement vers la rive en saisissant la bride et la tirant par saccade. L'avis ne fut pas inutile ; car nous n'avions plus qu'un pied et demi d'eau, et nous allions atteindre l'autre rive quand le cheval lâcha tout-à-coup ses jambes de derrière. Je repoussai aussitôt les étriers pour me laisser tomber de côté, ne pouvant sauter en bas, et je me relevai paisiblement sans perdre mon paquet, tandis que Boisselat retirait le cheval de la rivière.

Comme il arrive souvent, nous continuâmes notre route plus gaiement qu'auparavant; mais transis, grelottant; ce qui ne nous empêchait pas de faire force variations sur le motif de Virgile :

> Forsan et hæc olim meminisse juvabit.

VOYAGE EN VOITURE.

Presque tous les voyageurs en voiture se font conduire par le grand tour, c'est-à-dire par le Pontaubault et La Rive. De ce côté il n'y a aucun danger à courir, si ce n'est d'enfoncer un peu devant la porte de la ville; mais les Montois préviennent presque toujours les postillons étrangers, et ceux de la poste connaissent les localités.

Quant aux voitures qui traversent les grèves et les rivières, elles sont très-exposées à s'enliser, quelquefois même irrévocablement, et, dans les jours de marée, aucun voiturier ou postillon ne tente le passage.

La seule précaution à prendre, pour ne pas s'enliser avec une voiture, est de faire trotter le plus vite possible dans les endroits où la tangue s'ébranle.

LA MER MONTANTE.

Aujourd'hui deux août, jour de pleine mer, les Montois se portent en foule sur les remparts. Deux hommes se noient, dit-on, sans espoir, dans la grève de Genest, à une lieue du Mont. J'entre tout ému dans ma chambre, j'ouvre ma fenêtre, je braque ma lunette sur la grève, du côté de Genest, au nord-est du Mont, et je regarde, en frémissant d'impuissance, deux hommes surpris par la mer à une lieue de distance; ils sont l'un et l'autre immobiles entre la rivière et un ruisseau, sur un vaste banc de sable entouré déjà, et que l'eau couvre à vue d'œil, à en juger même de la distance où je suis. Le premier de ces malheureux disparaît sans que je le voie se débattre : renversé sans doute par la mer dans sa marche rapide, il se sera laissé tomber comme de sommeil ; son immobilité accusait un homme ivre (1). Je monte sur les remparts : l'un des deux inconnus est encore debout, sans mouvement à la même place.... La mer est déjà sous ses pieds, et il ne tend pas les bras, il ne fait pas un geste, si ma vue ne me trompe ! Et l'eau n'est pas encore à la hauteur de ses genoux, et le voilà qui tombe, se débat un instant et disparaît ! — spectacle horrible à voir, et qu'on regarde pourtant, mais avec une poignante avidité ; car c'est comme un dernier espoir qu'on veut se faire écraser sur le cœur....

Il y a une heure, je prenais un bain au pied de Tombelène, à une demi-lieue d'ici, dans

---

(1) On a su depuis, par un pêcheur du Mont, que ces deux hommes étaient ivres. C'étaient deux rétameurs, le père et le fils. Le Montois avait essayé vainement de leur faire hâter le pas ou regagner la rive.

la même direction à peu près, et la mer était encore à deux lieues du Mont-Saint-Michel, à une lieue de ces deux hommes, qu'elle a devancés comme pour leur jeter sa nape écumeuse en guise de suaire sur la grève déserte !

Je vais à la porte de la ville : des habitans ont couru à toutes jambes pour sauver ces deux hommes ; d'autres ramènent l'unique bateau de la place ; et l'empressement, niais ou fébrile des uns, le zèle à froid, le dévouement hypocrite des autres m'inspirent pour ceux-là un sentiment de pitié, pour ceux-ci un sentiment de mépris que j'ai peine à contenir !

Cependant le curé lui-même a poussé la barque dans l'eau, et revient trempé au presbytère.

— Hé, mon Dieu ! me dit-il, nous savions bien que le bateau comme les coureurs, comme le cavalier, était inutile ; mais j'avais besoin, moi, de faire quelque chose pour étouffer un regret, inutile aussi : quand j'avais vu ces hommes du haut des remparts, j'avais négligé de les absoudre !...

. Aveu naïf, d'un prêtre dont la foi est vive, l'âme pure, mais auquel sa conscience reproche vivement d'avoir oublié son devoir, sans doute par une préoccupation bien pardonnable, peut-être aussi par un reste de respect humain.

C'est un sentiment bien perfide que celui-là; il grossit en nous comme le ver dans le fruit, et commence par nous ronger le cœur!..

Mais je m'aperçois que j'oublie en quelque façon ma mission de voyageur et d'artiste pour aborder une question de morale et de religion : c'est que l'observation appelle naturellement la réflexion, et qu'il est des enchaînemens, des liaisons d'idées qu'on laisse échapper à tort lorsqu'on en a l'intelligence; car ils mènent à une conclusion, et font une œuvre plus une et plus complète.

Je reviens aux grèves et à la mer.

On a dit et répété partout que la mer monte dans les grèves du Mont-Saint-Michel avec la vitesse d'un cheval au grand galop. Cette donnée n'est pas exacte, si on la prend à la lettre; car un cheval au pas devancerait la nappe de mer montante sur les grèves, laquelle ne roule qu'avec la vitesse d'un rideau qui tombe sur la scène d'un théâtre.

Mais, comme c'est par les ruisseaux et les rivières que l'eau envahit la baie du Mont-Saint-Michel, qui d'ailleurs lui présente une surface parfaitement plane, il ne suffit pas, pour éviter la mer montante, de pouvoir devancer le flot, parce que les rivières et ruisseaux, gonflés par la marée inondent la *plaine* proprement dite, irrégulièrement et selon les accidens du terrain, de sorte qu'elle peut épargner, sans que vous y preniez garde, le plan plus élevé où vous êtes, alors même qu'elle croise derrière vous, et cerne un plateau ou une langue de sable plus basse. Ainsi, ce n'est qu'au moyen des rivières et des ruisseaux qui sillonnent la baie que la mer arrive avec la rapidité d'un cheval au galop; mais il est bien certain que, deux jours avant et après la grande marée, le cavalier qui partirait du bas de l'eau, c'est-à-dire de la hauteur de Carolles, au moment où la mer déferle dans la baie, aurait besoin d'aller continuellement au grand trot ou au galop de son cheval pour arriver sans danger au Mont-Saint-Michel avant la mer, à moins qu'il ne connût parfaitement le cours des rivières et des ruisseaux (1).

Toutefois, il n'y a que des voyageurs très-imprudens ou malades qui se laissent surprendre par la mer : sur trente individus, terme moyen, qui se noient dans ces grèves chaque année, on peut affirmer que vingt étaient ivres ou gris, et huit imprudens jusqu'à la témérité; les deux autres furent surpris par des brouillards ou bien par quelque acci-

(1) On vient de former encore une nouvelle société pour le dessèchement et la mise en friche de la baie du Mont-Saint-Michel. Le plan des entrepreneurs consiste à faire dévier le Couesnon et les autres rivières, pour les faire aller à la mer par un seul lit creusé le long de la côte jusqu'à la pointe de Carolles. Des Hollandais avaient proposé, il y a déjà bien des années, je crois, de dessécher la baie, en l'isolant de la mer par une digue qui aurait embrassé tout l'espace compris entre les pointes de Carolles et de Cancale; mais ils demandaient pour indemnité la jouissance, pendant quarante ans, de toutes les terres reprises sur la mer, et, soit parce qu'on trouvait les conditions trop onéreuses, l'entreprise trop hasardeuse, enfin soit qu'on ne voulût pas traiter pour cet objet avec des étrangers, la proposition n'eut pas de suite.

dent qui les arrêta au milieu de la route, ou retarda notablement leur marche.

C'est pourquoi il faut toujours, avant de se mettre en grève, faire largement la part des accidens, et raisonner comme si la mer, poussée par un vent frais, devait avancer d'une demi-heure, c'est-à-dire arriver à la même heure qu'à la marée précédente.

Mais, sur la route d'Avranches et de Cherrueix, on n'a réellement presque rien, sur celle de Pontorson, l'on n'a rien à craindre de la mer, parce que la côte est toujours assez peu éloignée. Toutefois, lorsque vous croyez la voir venir, sur la droite en venant d'Avranches, sur la gauche en venant de Cherrueix, il ne faut pas avancer sans dévier, en vous fiant sur la distance où elle est encore, attendu qu'elle court déjà dans les rivières ou ruisseaux qui vous barrent le chemin, et dont les ramifications peuvent finir par vous envelopper sans que vous puissiez vous en douter, sur une langue de sable quelquefois très-étendue.

Si l'on vient à être entouré par la mer sur

des *paumelles* (1) un peu élevées, là où l'eau entraîne, en formant des remous capricieux et perfides, il faut se hâter de gagner plutôt un courant qui vous porte à la rive, et avoir soin de faire la planche dans les remous ou embranchemens de ruisseaux qui peuvent se rencontrer et rendent très-fatigant, souvent même impossible le travail du nageur. En ménageant ainsi ses forces, et ne s'exposant pas à boire de l'eau, ce qui fait plus vite perdre la tête, on a plus de chances, ou d'être sauvé par le bateau du Mont, ou de se soutenir jusqu'à la rive (2).

LES GRÈVES, LE MONT ET LES MONTOIS.

Les Grèves du Mont-Saint-Michel sont semées de quelques coquillages très-peu variés

---

(1) V. ci-dessus.
(1) Une observation qui peut éviter toute appréhension au voyageur craintif arrivant par Pontorson, c'est que la mer n'est jamais autour du Mont entre midi et une heure.

et dont aucun n'est bien curieux. Vous n'y trouvez ni galets, ni petits cailloux comme dans les grèves de Saint-Malo et des environs.

Il y a dans les grèves du Mont-Saint-Michel très-peu d'oiseaux de mer durant l'été, malgré le voisinage de la baie de Cancale, qui en est couverte en toute saison. Lorsque le temps est beau et le vent peu sensible, et surtout pendant les mortes-eaux, c'est à peine si vous voyez çà et là une mauve ou mouette et un courlieu dans la baie; mais, dans les grandes marées et pendant les gros temps, la grève est sillonnée de *voliers* de ces mauves et de courlieux; les *caniais* ou *caniards*, sorte de goëlands de la grande espèce (ils ont jusqu'à cinq et six pieds d'envergure), y viennent aussi planer et pêcher en assez grand nombre; puis on y voit des voliers d'alouettes, de canards et d'oies sauvages, des pluviers gris et dorés, et quelquefois un ou deux hérons isolés.

Il y avait autrefois beaucoup de lapins sur le rocher, du côté de l'ouest et du nord; mais le nombre en est aujourd'hui bien diminué. Il en reste encore une assez grande quantité sur le rocher de Tombelène : ces derniers sont généralement assez maigres, mais leur chair est délicate et d'un goût très-fin.

Le Mont-Saint-Michel a 9,800 mètres de circonférence, sa hauteur est de 45 mètres environ, à partir de la grève jusqu'à la racine des bâtimens, et de 125 à 126 mètres de la grève au plateau du télégraphe. En 1775, les géomètres calculèrent sa hauteur à 400 pieds : c'est qu'il y restait encore, à cette époque, une partie du campanile sur la tour. (Voy. *l'Antiq. Archéol.*) Il fut mesuré à ma demande pendant mon dernier séjour, et c'est le résultat de notre calcul que je donne ici.

Aux yeux du simple voyageur, la ville du Mont-Saint-Michel n'offre absolument rien de curieux : les habitans, qui sont au nombre de trois à quatre cents, ont le costume et les mœurs de toute la Basse-Normandie ; la finesse et la ruse sont les traits dominans de leur caractère. On remarque dans la ville un assez grand nombre de vieillards. Les maladies les plus communes y sont, je crois, l'asthme, la phthisie et les dysenteries plus ou moins graves : le voyageur qui voudrait y séjourner aurait besoin de très-grandes précautions, pour peu qu'il eût la poitrine faible ou les poumons sujets aux irritations ou inflammations. L'air est très-vif au Mont-Saint-Michel, comme dans tous les lieux élevés, surtout lorsqu'ils sont voisins de la mer, et, ce qui est plus dangereux, exposés sans aucun abri aux vents du nord; puis il faut, pour se promener ou circuler dans la ville, et surtout de la ville au château, monter et descendre continuellement : or, un vent froid vient à chaque instant vous glacer la sueur sur le visage. Pendant mon séjour, j'ai pu observer, sur les soldats et officiers de la garnison, les funestes effets dont je parle.

Il n'y a pas d'eau douce, mais seulement deux fontaines d'eau saumâtre au Mont-Saint-Michel; on n'y boit que de l'eau de pluie ou bien de l'eau apportée de Moidrey. Les habitans font souvent leur soupe avec l'eau saumâtre pendant l'été, et ils ne boivent alors que du cidre ou de l'eau pluviale non filtrée.

dont le goût est fort mauvais. De là les dysenteries et autres maladies gastriques.

La population se compose des employés, entrepreneurs et ouvriers de la maison centrale, puis d'aubergistes et de pêcheurs : ces derniers forment la majorité.

On y a établi deux petits hôtels, dont l'un, vers le haut de la ville, est bien desservi.

Les voyageurs s'attendent presque tous à manger beaucoup de poisson au Mont-Saint-Michel, et ils sont fort étonnés de n'y voir servir que de maigres plies (limandes), des guitans ou merlans, quelquefois des soles, de petits mulets, et enfin des crevettes grises. Je ne parle pas des *coques : on n'ose* en servir qu'au voyageur qui en demande ; la raison en est que ces coques sont à vil prix, et qu'on les expédie presque toutes pour les marchés environnans. Il ne faut pas confondre la coque avec la *salicoque,* crevette rose ou bouquet. La coque est un coquillage bivalve, dont la grosseur moyenne est celle d'une noix, et la forme à peu près celle d'une coquille de Saint-Jacques. Ce sont ordinairement les femmes, les jeunes filles et les jeunes garçons pauvres qui vont pêcher les coques. Pour cela ils ont un costume qui leur est propre et diffère de celui des autres pêcheurs. Ils commencent par relever, les garçons leurs pantalons, les femmes leurs jupons jusqu'au genou, et souvent bien au-dessus; puis les femmes s'attachent autour du cou une devantière qu'elles croisent sur leur poitrine, et fixent, ainsi que leurs jupons, relevés sur leurs hanches, avec deux, trois ou quatre sabrettes ou petits sacs de filets vides pour mettre leurs coques; et enfin, elles attachent encore sur leur front une seconde devantière qui leur retombe en mantelet sur le dos. Lorsque la mer monte, on les voit revenir leur panier au bras (1), une sabrette pleine de coques sur chaque épaule, et une ou deux autres sur la tête. Les coques se pêchent dans le sable, avec les doigts; il est aisé de recon-

(1) V. pl. I. Ce panier leur sert à mettre les petites plies qu'elles prennent souvent dans les ruisseaux, presque toujours avec leurs mains, lorsqu'elles sentent ce poisson à fleur de sable sous leurs pieds.

naître les endroits où elles sont en nombre, et, en quelques heures, on en exhume une quantité considérable. Les gens du pays les mangent ordinairement sans apprêt, cuites ou plutôt ouvertes dans l'eau chaude ou sur les charbons. Le goût de ce coquillage est à peu près celui de la moule, mais la coque est plus aqueuse et moins savoureuse. Les pauvres coquetiers ne s'enrichissent pas à faire cette pêche ; de là le dicton du pays : *J'aimemis mieux aller pêcher des coques au Mont-Saint-Michel* (1)!

Le costume des pêcheurs montois (2) est beaucoup plus chargé que celui des coquetiers, et leur métier infiniment plus rude. Obligés de se conformer aux heures de la marée, ils passent bien des nuits froides et humides au milieu des grèves. Le genre de filet dont ils se servent le plus habituellement a la forme d'un sac, et s'attache aux montans

---

(1) Aussi Charles vi crut-il devoir supprimer la taxe sur les coques (Voy. *l'Antiq.*, *Particularités hist.*).

(2) V. pl. I.

de deux perches croisées en X, et dont les extrémités supérieures sont garnies chacune d'une corne de vache ou de bœuf, qui les fait glisser sur le sable dans les ruisseaux ou rivières, où les pêcheurs n'ont d'autre manœuvre à observer que de remonter le courant et de relever de temps en temps leur filet pour jeter au fond du sac, et retenir d'une des mains, le poisson qu'ils auraient arrêté au passage.

Ils ont aussi des filets dormans de diverses espèces.

Les saumons du Mont-Saint-Michel, qui sont excellens et fort renommés, se prennent dans les rivières : on n'en pêche plus, depuis assez long-temps, qu'une petite quantité, et il se vend fort cher, même sur les lieux. Le bar est, avec le saumon, le seul poisson qui dédommage un peu les pêcheurs montois de leurs fatigues.

On pêche (en plongeant) d'énormes et délicieuses moules (1) dans les larges mares qui

---

(1) Ces derniers détails s'adressent à la classe de voyageurs dont la mémoire est dans la bouche.

environnent le rocher de Tombelène : ces moules sont bien supérieures à toutes celles que je connais.

Le voyageur trouvera, au Mont-Saint-Michel, et sur toute la côte, à partir de Granville, de l'agneau et du mouton exquis : j'ai vu des gourmets le préférer à tous les autres présalés et au mouton des Ardennes.

Enfin, les figues sont d'une saveur méridionale au Mont-Saint-Michel comme à Cancale; mais on ne compte plus guère sur le rocher que cinq ou six figuiers : tout le reste a été gelé il y a quelques années (1).

Quant aux autres fruits et aux légumes, la sécheresse les brûle presque toujours sur pied, et on s'en approvisionne au dehors.

Du reste, le mouton est la nourriture la plus habituelle des Montois, et ils font une très-petite consommation de légumes.

Le voyageur qui désire visiter le château fera sagement d'emporter avec lui une permission du ministre ou du préfet : le Mont-

(1) V. l'*Antiq.*, *particul. hist.*

Saint-Michel est aujourd'hui une importante prison d'État, où les autorités ne laissent entrer le curieux qu'entre deux accès de peur, et leurs accès ont été fréquens pendant le séjour que j'ai fait au Mont.

L'ARTISTE.

ROUTE DE CHERRUEIX.

L'artiste ou le poète qui rentre en France par la Normandie, après avoir parcouru tout ce littoral de la Bretagne si riche en monumens antiques, en sites pittoresques et sauvages, en traditions et en événemens historiques, découvre pour la première fois le Mont-Saint-Michel à Château-Richeux (1), en débouchant sur la digue, à une demi-lieue de Cancale. Vu de ce point, à une distance de six à sept lieues, par un air doux, calme, entre un ciel d'azur et une mer d'argent, il ressemble à un gigantesque vaisseau encalminé, qui commence à sentir une brise légère, et vire lentement de bord toutes voiles dehors. Par un temps sombre, entre un ciel gris et une mer d'un vert noir, vous diriez d'un colossal rocher de granit, fantastique monument élevé par l'imagination dans les nuages; et une légère brume l'efface en un clin d'œil sur l'horizon de mer; en un clin d'œil une terne rayée de soleil l'y reconstruit, vaporeux et pâle sur un fond noir ou sombre, arrêté sur un fond clair!

De la digue on le distingue rarement la nuit. Cependant je me souviens de l'avoir admiré deux fois en longeant la baie de Cancale vers le milieu de la nuit.

La première fois, j'étais bien enfant encore, et je revenais de Jersey avec mon oncle, ayant débarqué à Saint-Malo. Tous les voyageurs dormaient dans la diligence; moi seul je veillais, impatient de voir se développer devant mes yeux la vaste baie de Cancale. Or, comme nous tournions la cabane du douanier à l'embranchement de la digue et de la grève, un jet de flamme éloigné, et dont la traînée lumineuse se projetait dans la mer jusqu'à la pointe de Cherrueix vint éclairer de sa magique lumière le tableau dont j'épiais l'apparition. La flamme s'élevait en gerbe vers le sommet d'une masse noire, et j'éveillai aussitôt mon oncle pour lui demander si ce que je voyais n'était point un volcan.

— C'est le Mont-Saint-Michel, répondit froidement, et en se frottant les yeux, un voyageur des environs. Les prisonniers y auront encore mis le feu, voilà tout!..

Quelques minutes après, mon volcan était complétement éteint, et je ne distinguais plus ni son cratère, ni ses flancs, ni sa base ! Et j'écoutais la mer, qui râlait à quelques pas de nous dans les grèves comme sur un vaste incendie qu'elle achevait d'éteindre...

La seconde fois, ce fut il y a deux ans, pendant une de mes tournées de piéton solitaire de Rennes à Cancale. Arrivé à Saint-Benoist-des-Ondes, sur la digue, vers onze heures du soir, je m'assis un instant au pied d'un moulin pour endosser ma veste, car le vent venait de passer du sud-est au nord-est, et la bise avait fraîchi d'une manière un peu trop sensible pour mes épaules. Et voilà que, tout à coup, je vois s'élever à l'horizon, derrière un épais et noir rideau de nuages poussés vers moi par la nouvelle brise de vent, le merveilleux Mont-Saint-Michel, sombre et lourdement détaché dans l'éloignement sur un pan de ciel inondé de rayons lunaires. Je demeurai en extase devant ce tableau féerie que ma plume ne rendra jamais tel qu'il se refléta dans mon imagination de voyageur et d'artiste : ceux-là, au surplus, le comprendront assez par ces quelques lignes, qu'il eût fait rester, comme moi, demi-nus, sous un vent froid, au bord de la grève, en contemplation muette et exclusive. Les autres ne verraient, dans une description détaillée, que des hyperboles ou de minutieux et fastidieux détails.

En avançant sur la digue, de plein jour et de mer basse, l'artiste arrive bientôt à un point d'où le Mont-Saint-Michel, séparé de lui par quelques lieues de grèves à sec, lui semble néanmoins toujours plongé dans la mer. C'est un de ces effets de mirage qui font illusion dans ces grèves à une distance plus ou moins grande, selon l'état du ciel et de l'atmosphère.

Celui qui laisse la grande route sur la droite pour aller directement au Mont-Saint-Michel, suit ordinairement la côte jusqu'à Cherrueix, et de là traverse les grèves et le Couesnon, appelé par les habitans la *rivière de Bretagne*, par ce qu'elle sert, sur plusieurs points, de limite à la Bretagne.

L'artiste ne suivra pas cette route, s'il veut approcher du Mont avec ce sentiment d'admiration naïve qui éveille doucement l'imagination sans l'effaroucher, et dispose les sens à *s'épanouir*, l'ame à s'élever devant un monument comme au pied d'un autel... Il y a dans un paysage des progressions de perspective qu'il faut toujours suivre ; des convergences et divergences de plans, des dispositions et des fusions de couleurs et de tons qu'on ne méconnaît pas impunément.

ROUTE D'AVRANCHES.

Les approches par Avranches sont les moins pittoresques; elles se développent monotones et sans accidens aux yeux de l'artiste, et le Mont, vu cependant par un de ses plus beaux côtés, ne se dessine bien que du hameau appelé *La Rive*, proche le chemin de Pontorson. Or, la véritable route, en venant d'Avranches, est la grève, entre les deux côtes de Saint-Léonard et de Courtils.

Mais il ne faut pas négliger, en passant à Avranches, la vue du Mont-Saint-Michel avec ses grèves, prise de la plate-forme du Calvaire ou du coteau du Jardin-des-Plantes, de mer haute surtout, et au soleil couchant; alors que le monument se découpe sur un rond d'or; ou bien au soleil levant, qui dore cette masse de granit, et la détache plus resplendissante sur un horizon souvent chargé d'épais nuages noirs s'élevant comme de lourds tourbillons de vapeur au-dessus des glacis de mirage.

ROUTE DE PONTORSON.

En arrivant au Mont-Saint-Michel par Pontorson, qui n'en est éloigné que de deux lieues, on découvre, pour la première fois, le monument sur la hauteur qui domine Moidrey, entre les touffes d'arbres dont ce village est enveloppé. De là, le Mont semble, par un temps clair, s'élever au fond du vallon même de Moidrey, dont les arbres masquent l'étendue et la profondeur. Cependant on n'est encore qu'à une demi-lieue de Pontorson, et ce n'est qu'à la hauteur du moulin de Moidrey qu'on peut voir se dérouler à larges plans un des plus beaux aspects du Mont. Encore paraît-il presque adhérent à la terre ferme, et beaucoup moins colossal qu'il n'est en réalité. Mais il se découpe en contours nets et arrêtés sur un immense horizon de ciel et de mer; puis, le paysage est fermé au sud-ouest par la côte de Saint-George et le Couesnon avec ses circuits capricieux; à l'ouest, par la côte de Cherrueix, baignée dans le mirage qui argente de ses vapeurs les grèves et les campagnes; au nord-ouest par le Grouin ou la côte de Cancale, d'où l'on voit se dérouler en zigzags les immenses pêcheries de la baie; au nord, par la Manche; au nord-est, par le mont Tombelène, par la pointe de Carolles, et par celle de Granville, qu'on aperçoit de là toutes les fois que l'horizon est sans brume.

Un peu au-dessous, à l'est du moulin de Moidrey, se voient le village et le moulin de *Beauvoir,* dont le nom s'explique si naturellement par leur position au penchant de la colline (1).

(1) V. l'*Antiq.*, *Archéolog.*

Au pied de ce vaste amphithéâtre, le sol prend un aspect plus blanc, et l'on reconnaît aisément la présence des *tangues* ou *vases sablonneuses grisâtres*, qui forment le fond des grèves.

Alors le ton général du paysage se modifie sensiblement : il perd de sa chaleur et de son éclat jusqu'à l'entrée de la grève, où l'on arrive, soit en longeant les bords du canal (1), à partir de la ferme de *La Mare* (2), soit en suivant le chemin vicinal jusqu'à la cabane des douaniers, où les deux routes viennent se réunir.

De là, le Mont apparaît dans toute sa sauvage nudité : c'est une masse énorme de rochers arides et gris, couronnés d'édifices lourds

---

(1) Ce canal fut creusé, il y a une trentaine d'années, je crois, pour opérer la déviation du Couesnon ; il fut abandonné, parce que la mer détruisait incessamment les travaux. On va recommencer l'entreprise suivant un autre système d'exécution. (V. Part. hist.)

(2) Parce qu'il y a une mare d'eau vis-à-vis : on l'appelle aussi la ferme *du Haut-Chemin*.

et gris, au milieu d'une grève plate et grise (1). On met le pied sur la tangue humide, se croyant à quatre cents pas du Mont, et ce n'est qu'après vingt minutes de marche qu'on y arrive, cherchant au loin la mer, qui, lorsqu'elle est basse, se fond à l'œil avec le ciel et la grève.

Cependant, à mesure qu'on s'est approché, on a vu les tons et les nuances se varier, et les tons jaunes ou rouillés des vieilles murailles, les quelques taches vertes des figuiers, les teintes étiolées des arbustes et des plantes, animer cette masse granitique d'une aridité si désespérante au premier coup d'œil. Mais aussi les édifices de l'abbaye et de la forteresse vous semblent d'une pesanteur, d'une froideur désolante, et, n'étaient ces pittoresques fondemens de rochers, qui menacent de s'écrouler sur votre tête, et supportent des édifices élevés de plus de deux cents pieds, votre imagination resterait d'abord mollement attentive devant le tableau.

(1) V. pl. III.

L'ILLE ET LA VILLE.

Les premiers objets qui fixent l'attention de l'artiste sont deux anciennes pièces de canon formées de lames de fer (1), et que les flots semblent avoir roulées sur la petite cale-chaussée inclinée, en pierre, qui conduit de la grève à la porte d'entrée extérieure. Cette porte, aujourd'hui remaçonnée et sans caractère, était encore munie, il y a peu de temps, de ses bras et chaînes de porte-levis. Elle avait aussi, pour ornement, deux aiguilles gothiques du quinzième siècle, sculptées en bas-relief sur le granit (2).

L'artiste qui arrive au moment où la mer va se retirer des ruisseaux, derrière le Mont, s'arrête ordinairement devant cette porte, et

(1) V. l'*Antiq.*, Evén. milit. et partic. hist.
(2) V. pl. II.

regarde, un sourire sur les lèvres, les coquetiers et pêcheurs (1), accroupis sur les rochers, et humant le soleil au midi, en attendant que la mer laisse à sec les bancs de *tangue*, d'où ils tirent leurs coques (2).

Le costume, les formes et les mœurs de ces coquetiers, sont vraiment une des curiosités artistiques du Mont; leur peau est couleur de pain d'épices; leurs jupons, lestement relevés laissent voir des jambes aussi grosses par le haut que par le bas, sauf quelques exceptions; ils ont, comme je l'ai dit, en guise de ceinture, chacun deux ou trois petites sabrettes ou sacs de filets (3) pour mettre leurs coques, et portent tous, hommes et femmes, une devantière attachée sur leur tête, et tombant sur leur dos... Quel luxe de formes et de couleur!

A cinquante pas d'eux, vous croiriez être sur la côte d'Afrique, devant une troupe de Kabiles. Ces gens-là tiennent aussi beaucoup des

(1) V. pl. I.
(2) V. ci-dessus : *le Voyageur*.
(3) V. Ibid. *le Voyageur*.

lazzaroni, et pour les mœurs, et pour la tenue, et pour le caractère de physionomie. Ils ne manquent pas de s'offrir humblement aux voyageurs pour les guider dans les grèves les plus sûres, et c'est à cette classe d'habitans, et à la poltronnerie, à l'ignorance ou à la sottise et à l'imprudence de quelques autres, que nous devons les mille et un contes sur les trous et les sables mouvans dont on a tant parlé. Mais j'ai déjà donné à ce sujet des explications détaillées, et je ne veux envisager ici le Mont-Saint-Michel que sous son point de vue purement artistique.

Pendant l'hiver le costume des pêcheurs est complété par une sorte de bonnet à la Louis XI, auquel il ne manque que deux ou trois médailles et coquilles en plomb pour rappeler le monarque lui-même dans l'ignoble négligé qu'il promenait quelquefois hors des fossés de Plessis-lès-Tours. La devantière du Montois (1) actuel se drape et se dessine absolument comme le manteau du roi d'alors, et le

_____
(1) On appelle *Montois* les habitans du Mont-Saint-Michel.

reste du costume est presque à l'avenant (1).

En entrant dans la première cour, dite *du lion*, sans doute parce qu'on y voit, sur le mur du fond, un bas-relief en granit représentant un lion dont la pate pose sur un écusson, l'on découvre, échelonnés sur le flanc du rocher, de petits jardins, dont le plus grand est réservé au directeur de la maison centrale; les autres appartiennent à quelques habitans de la ville. Ceux de ces jardins qui se trouvent immédiatement au-dessus de l'entrée du Mont sont clos de murs, débris informes des bâtimens dits de Sainte-Catherine (2). Les voûtes de ces bâtimens existent encore pour la plupart, notamment sous un jardin de M. le docteur Hedou, qui en a fait sa cave.

La porte de communication entre les deux cours d'entrée est surmontée d'un écusson fruste, et les murs de séparation sont couronnés de petites huttes creuses, figurant assez bien des capuchons de moine (3). A gauche et

(1) V. pl. I.
(2) V. *l'Antiq.*, Achéol.
(3) V. pl. II.

avec le même couronnement se trouve une assez large tour à meurtrières : elle servait d'écurie au poste d'entrée (1).

La seconde cour présente, du côté de la grève, une petite terrasse de rempart, portant encore le même couronnement de huttes ou capuchons. Les habitans l'appellent, ainsi que la cour qu'il domine, *le Boulevard*, et on y a planté, il y a quelques années, sur l'angle sortant, un calvaire fort *curieux*, ouvrage d'un détenu brut. Sous ce rempart on voit encore l'embrasure à voûte conique de deux canons destinés à balayer la grève sans exposer les artilleurs (2).

La porte féodale de l'ancienne abbaye communique de cette seconde cour à la rue principale ou plutôt unique de la ville. Elle porte encore au front une vaste table carrée en granit, dans le style du quinzième siècle. Sur cette table, d'un goût excellent, on voit l'écus-

---

(1) V. pl. II.
(2) V. pl. XII. On vient de construire dans le château de Vincennes des batteries intérieures sur ce modèle ; mais dans une beaucoup plus grande dimension.

son fruste de l'abbaye, et au-dessous les armes naturelles de la ville, savoir, une mer avec des poissons, très-naïvement rendus sur le granit.

Les armoiries de l'abbaye furent effacées pendant la révolution de 1789. La herse existe et se voit toujours derrière l'écusson (1). Le logement de l'ancien concierge est au-dessus de cette porte, contigu au corps-de-garde, et ayant issue sur l'esplanade d'une tour dite *du roi*, laquelle est flanquée dans les remparts, d'où elle fait saillie; elle devait être servie à l'extérieur et à l'intérieur par la garde avancée. Il est probable que le rez-de-chaussée était une écurie, et sa destination n'a pas changé.

A quelques pas du corps-de-garde, dans l'intérieur de la place, se voit, appuyée sur le rempart, une petite tourelle d'observation, dont le style est encore du quinzième siècle. Cette tourelle attenait à une sorte de casemate, réservée sans doute autrefois aux hommes de garde, et dont les larges cheminées se voient

(1) V. pl. II et *l'Antiq.*, Partie hist.

dans le café et la boutique de chapelets et d'ouvrages en paille qui occupent cet emplacement (1).

L'entrée et l'intérieur de la ville offrent à l'artiste des détails délicieux sous tous les rapports, et qui attachent singulièrement. Ce sont de petites maisonnettes en bois, couvertes en essaux de bois, fanées, ridées, replâtrées, fardées, borgnes, boiteuses : le soir, au clair de la lune, quand le vent souffle, vous diriez deux files de vieilles sorcières qui trébuchent en dansant une ronde de sabbat.

Puis, tout le long de la rue, entre ces deux rangées tortueuses de maisons branlantes, vous voyez, à presque toutes les portes, noires de sang, un veau ou un mouton qu'on saigne, qu'on écorche, ou dont on fait là, avec le tampon sanglant, la dernière toilette ; car il n'est pas de jour où cela ne soit ainsi, et c'est là un des traits pittoresques de la ville.

Vous aurez bien du bonheur aussi (à moins que vous ne soyez assez peu artiste pour appeler

(1) V. pl. XII.

cela du malheur), si vous ne voyez, du bas au haut de la rue, trois ou quatre *moutards* trébucher, choir la tête sur le pavé inégal et en pente, et se relever sans mot dire, sans larme verser... Et si vous tombiez vous-même, soyez assez artiste, je vous en prie, pour ne pas maudire le pavé, car je l'aime ainsi, et l'on ne tarderait pas à m'abattre mes ravissantes maisonnettes si l'on détruisait leur parvis; on me tuerait mes vieilles sorcières si l'on venait à leur arracher leurs dents ébréchées.

J'ai vu, au dernier salon de peinture, un petit intérieur, presque microscopique, dont j'ai ici (1) le modèle devant ma fenêtre. Ce petit tableau, d'une finesse de dessin et de couleur exquise, d'une vérité parfaite, est de M. de la Berge, qui, j'en suis bien sûr, achèterait plutôt la maisonnette que de la laisser reconstruire. Elle n'est pas la plus pittoresque cependant, cette maisonnette, surtout extérieurement; et puis, elle a vu tomber devant elle deux ou trois vieilles voisines qui ne sont plus là pour

(1) Cet ouvrage a été écrit en grande partie sur les lieux.

lui tenir compagnie, et lui faire vis-à-vis au clair de lune!...

Quelques pas plus haut, et du même côté de la rue, est l'église paroissiale, petite chapelle écrasée, sans style et sans couleur, où l'artiste et le poète ne trouvent pas un motif, et restent froids. Cependant on y voit quelques pierres tombales, mais toutes les inscriptions en sont plus ou moins frustes et indéchiffrables. J'y ai lu seulement deux noms, ceux d'un *sieur De Lamare, bourgeois du Mont-Saint-Michel,* et d'un *sieur Lanctot de Sartainville.* J'ai exhumé, à grands coups de canif et d'éponge, la burlesque épitaphe de ce dernier, et elle m'a semblé assez curieuse pour trouver ici sa place. Je rapporte l'inscription et le sonnet, avec leur orthographe et leur non ponctuation.

EPITAPHES SVR LE TRESPAS DV SIVR DE LANCTOT LIEVTENANT DE M. DE BREVENT (1) GOVER[r] DE CE LIEV.

Arretons mes amis voyons sovs ceste lame
L'obiect le plvs parfait qv y evt en ces bas lievx
Qvi povr but n'avoit rien qve lon[r] et les cievx
Seiovr qvil a choisi povr reposer son ame.

Eslansons nos sovpirs qvvn sainct desir enflame
Detestons de la mort le dard trop envievx
Mais non, car nous ferions nostre pis de son mievx
Content il a fini et ses jovrs et sa trame.

Qve nous savt il donc faire en sa triste avètvre
Nos yevx seront ils secs voyant sa sepvltvre
Sa terrevr est trop grand, avsi plaignons son sort.

Ce seroit offenser la pvissance divine
Qvi la ravi av ciel, sa première origine
Benissons donc le ciel et sa vie et sa mort.

Issy loge le cors de Jean de Sartainville
Son esprit fvt ravi par l'ange sainct Mickel
Qvi povr le gverdonner le logea dans le ciel
Apres vingt ans qvil fvt governevr en sa ville.

(1) M. de Brévent fut nommé gouverneur du Mont en 1599, suivant le manuscrit de Dom Huynes.

En fait de tableaux et de sculptures, deux morceaux seulement m'ont paru remarquables.

Vis-à-vis la porte d'entrée, le mur présente une cavité en forme de tombeau, dans laquelle est placée, comme sur une tombe, une statue-groupe en pierre molle dont les parties principales ont été brisées. Je ne crois pas que cet ouvrage soit autre chose qu'une figure allégorique. La pensée du sculpteur, dont le travail est assez grossier, me semble avoir été de faire l'apologie de la vie monastique : ce démon aux longues griffes, que le religieux mourant foule sous ses pieds, puis cet ange agenouillé au chevet du lit, devaient rendre avec une délicieuse naïveté la naïve pensée de l'artiste, que je suppose avoir été un des moines de l'abbaye même. Quoi qu'il en soit, ce serait un sujet ravissant à exprimer avec le marbre pour servir de frontispice à quelque abbaye (1).

Le second morceau est un Saint-Michel aux

(1) V. pl. XIII.

prises avec Satan, groupe sculpté en bois par un détenu, et placé dans l'église depuis peu d'années. L'archange, vêtu et armé en héros grec, tient Satan sous ses pieds, et le menace de la pointe de sa longue épée, laquelle n'est pas grecque du tout. Le démon furieux, et n'ayant pour armes que ses griffes, ses cornes et sa queue, munie d'un dard sanglant, tire la langue, et se débat, les quatre pates en l'air (1). Lorsque ce groupe fut placé dans l'église, une vieille Montoise fut tellement effrayée en le voyant pour la première fois, qu'elle revint après l'office, et, munie d'un bâton, se mit en devoir de briser les cornes du démon. Par bonheur, le sacristain étant survenu désarma la vieille, et lui dit, pour l'apaiser, que l'archange ferait bien son affaire tout seul....

A l'extrémité supérieure de la rue centrale, un escalier qui s'ouvre sur la droite conduit, par les remparts, à l'entrée du château ; mais l'artiste qui aura fait halte dans la ville en ar-

(1) V. pl. XIII.

rivant redescendra jusqu'à la troisième porte, et de là remontra, après avoir fait le tour du Mont par les remparts et par la grève, d'où il pourra voir d'abord le monument sous plusieurs de ses faces extérieures avant d'en visiter l'intérieur. La première tour qui se présente sur les remparts est la plus haute de toutes, sinon la plus étayée, celle *du roi*, et n'est séparée que par quelques pieds de la tour *de la reine*, à laquelle est accolée la tourelle d'observation, plus élevée encore, autrefois dite *du guet*, laquelle a pour couronnement un toit en éteignoir aplati. (V. pl. XII.)

De cette tour à la tour de *boucle* il n'y a ni parapets ni garde-fous; seulement, du côté de la rue, quelques pignons de maisons viennent s'appuyer et déboucher sur la terrasse, pavée en pierres plates, servant de promenade à un grand nombre d'enfans, dont les ébats font frémir les étrangers, et sourire les Montois.

La troisième tour, dite *de la liberté*, a été prostituée par une destination qu'on lui a donnée, j'aime à le croire, sans prendre garde au nom dont l'avait baptisée la révolution de 1789.

La quatrième, dite tour *basse*, est couronnée d'embrasures découvertes. Vient ensuite la tour-battillon *de l'est*, sous laquelle on avait ménagé une grande porte d'entrée, appelée aussi porte *de l'est*, bouchée aujourd'hui en dehors seulement; puis la tour *boucle*, de forme angulaire remarquable, portant sur son angle, avancé en éperon, un bastillon d'observation qui a vue sur l'entrée de la baie du côté de la mer; et enfin la tour *Marilland*, la plus élevée de toutes, bâtie sur le rocher au tournant du rempart, qui va de là se rattacher, muni de petits bastillons et d'une tourelle (1), aux bâtimens du château, du côté le plus difficile à escalader en raison de son inclinaison (2).

Ces remparts sont percés d'un bout à l'autre

(1) Sous cette tourelle se trouve une allée souterraine conduisant à une petite poterne par où se faisaient les sorties.
(2) Je donne la description détaillée de toutes ces tours parce qu'elles devront encadrer plus du roman historique. (Voy. l'Introduction).

de machicoulis, et çà et là de meurtrières. La tour *basse* est défendue par des embrasures découvertes, et l'on reconnaît dans certains endroits des ouvertures ménagées pour des coulevrines ou des espingoles. Ils sont bâtis en granit, en partie taillé, en partie brut; la maçonnerie en est d'une solidité peu commune. Les tourelles et petits bastillons les plus rapprochés du château tombent cependant en ruines, faute d'entretien.

Il existait, je n'ai pu savoir à quelle époque, une tour ou demi-lune attenant aux remparts, vers le bas de la ville, et dont on voit encore les fondemens dans la grève, lorsque les sables sont peu élevés.

Quant aux tours dites *Stéphanie* et *Gabrielle*, qui défendaient la place au sud-ouest, la première, défendue par des embrasures, a servi de base à une partie de la nouvelle caserne; et l'autre, sur laquelle on avait construit, en 1637, un moulin à vent, n'offre plus qu'une ruine assez pittoresque. Elle est encore surmontée de la culée du moulin à vent.

Toutes ces fortifications sont d'une couleur

et d'un style excellens : on conçoit, en les voyant, l'importance qu'avait autrefois le Mont-Saint-Michel, et la haute influence des religieux qui en étaient maîtres et seigneurs.

En faisant le tour du Mont par la grève, l'artiste éprouve une émotion bien pénible quand il vient à lever les yeux sur le monument, battu au couchant par les vents les plus violens, et offrant de toutes parts de larges et imposantes ruines ou des brèches sans nombre : c'est que, de ce côté, le Mont, aride et chauve comme un vieux et austère cénobite, nourrit à peine quelques herbes maigres, et des lichens plats et desséchés entre les fissures de ses blocs de granit blancs et jaunes de vétusté. On y voit cependant aussi quelques figuiers sauvages, et des touffes assez clairsemées de ces petits œillets rouges qui poussent sur tous les murs et rochers du Mont, parmi les hautes tiges de fenouil et de cigüe vénéneuse, et entre les verts lambeaux de lierre.

Au pied et à l'angle tournant du rocher s'élève la petite chapelle Saint-Aubert, que son style simple, sa naïve tradition et sa situation pittoresque recommandent si bien à l'artiste et au poète, à l'antiquaire et à l'historien. On serait tenté de se retirer du monde et de se faire cénobite pour habiter une cellule sur ce rocher, et, gravissant chaque jour le petit escalier taillé dans le roc, desservir cette mystérieuse chapelle, ébranlée par les vents et les flots (1).

Après avoir passé devant la chapelle, l'artiste prendra le large dans la grève, comme pour aller à Tombeleine, et fera un millier de pas dans cette direction. Alors seulement il se retournera, lèvera les yeux sur le Mont-Saint-Michel, et le verra sous son aspect le plus grandiose, le plus monumental, le plus sublime. Il est impossible d'imaginer un tableau plus large et plus magnifique : ici le genou fléchit à mesure que le cœur se dilate et que l'ame s'élève ; l'émotion, l'admiration débordent ; il semble qu'on s'exhale comme l'encens devant le temple....

Cependant on finit par se rendre maître de ses sensations ; la pensée, vague d'abord,

(1) V. pl. XII.

tourne en réflexions, et l'on ferme les yeux au monument tel qu'on le voit, pour le contempler tel qu'il fut autrefois, avec son haut et svelte campanille à jour...

Ce côté du Mont-Saint-Michel s'appelle, par extension, *la Merveille*, et ce n'est pas seulement l'édifice qui tient du merveilleux, c'est encore le rocher, dont le flanc escarpé présente un amphithéâtre tapissé de plantes diverses, d'arbres et d'abrisseaux verdoyans et frais, malgré les vents froids et violens du nord qui les balayent incessamment. Il faut voir de loin s'élever, sur la grève imprégénée d'eau, cette merveille féerie éclairée par les derniers rayons d'un soleil rougeâtre, après une journée de vent chaud : c'est un gigantesque autel de bronze et d'or sur un parvis d'argent !

Combien plus magnifique et plus merveilleux encore ne devait-il pas apparaître, ce colossal édifice, alors qu'on voyait planer sur son sommet l'archange Saint-Michel terrassant le démon (1) !

____

(1) V. pl. IV. *Antiq.*, Archéol. De Thou (*in vitâ suâ*) fait mention de cette colossale statue en or massif, dont j'ai pourtant

Mais l'ange est retourné au ciel; et les hommes, se matérialisant, en sont venus à fondre la statue pour monnoyer l'or; car, je l'ai dit, le tolérantisme de notre époque ne s'étend pas jusqu'aux arts et à la poésie : ceux qui nous gouvernent de fait ne comprennent les arts que comme moyen de séduction; entre leurs mains, c'est un hochet qu'ils agitent afin d'empêcher le peuple de pleurer ou de se mutiner.

ouï parler dans le pays, il est étonnant que, dans la description qu'on rencontre de cette tour, il ne soit pas question de la statue. Cependant, j'ai cru devoir, dans la vue du Mont avec sa flèche, vue que j'ai fait rétablir d'après les renseignemens détaillés donnés par ces manuscrits, replacer aussi le St-Michel, statue qui ajoute encore au merveilleux du tableau. Quant aux autres édifices, sauf quelques nouvelles maisons de la ville et le mur d'enceinte, construit il y a peu d'années, ils ont été copiés fidèlement, tels qu'ils sont encore. J'ai fait prendre d'ailleurs une autre vue du Mont-Saint-Michel, du côté opposé, c'est-à-dire au midi, et où il est représenté avec sa tour massive et carrée et son télégraphe. (V. pl. III et IV.)

LE CHATEAU.

Je ne crains pas de le dire, jamais le génie du poète ou de l'artiste n'a imaginé une entrée plus simple, plus imposante et plus poétiquement mystérieuse que celle de l'ancienne abbaye-château du Mont-Saint-Michel (1). Cela est au-dessus de toute décoration d'opéra, si merveilleuse qu'elle soit, de toute description romantique, si fine et si colorée, si pure et si brillante qu'on la conçoive. Mais autant elle était doucement mélancolique à l'âme de l'homme qui s'y présentait libre et à genoux, autant elle est sombre et désespérante aux yeux de celui qui en monte les degrés debout et les fers aux bras !

Pour moi, qui ai pénétré sous les voûtes, dans les cachots de ce vaste labyrinthe de gra-

(1) V. pl. V. et *Antiq.*, Archéol.

nit; qui ai étudié de près les hommes et les lieux d'aujourd'hui, j'ai cru voir plus d'une fois, en montant l'escalier, ces mots écrits en lettres de souffre ardent, au fond du sombre vestibule, sur le manteau de la cheminée gothique :

Lasciate ogni speranza voi ch'intrate !
. . . .

L'artiste se trouve à cent quarante pieds au-dessus du niveau de la grève. Deux tourelles, d'un style et d'une exécution excellens, dont la forme est celle de deux pièces de canon sur leur culasse, défendent la porte ou ouverture de voûte, sous laquelle rampe le grand escalier, éclairé seulement par deux demi-jours; celui d'en bas, et un autre dont les rayons, tombant d'en haut entre les deux corps d'édifice, épandent leur clarté mystique sur le portique intérieur, ogive surmontée de trois niches à trèfles, vides aujourd'hui. Vis-à-vis de ce portique, on voit, au fond du vestibule, une large cheminée gothique du quinzième siècle, comme celles qui figurent dans les salles des gardes de tous les castels féodaux (1). Cette salle-vestibule était aussi réservée aux gardes, et sert encore aujourd'hui au poste de service dans l'intérieur. Vers le fond à gauche, on voit une porte dont je parlerai plus bas. Une autre petite porte, sur la droite, et tout près des degrés, conduit à un étroit escalier en pierre, lequel tourne le chevet de l'église et débouche par une cour ou allée découverte, au guichet de la conciergerie.

L'artiste se fera d'abord introduire dans l'*ancien grand réfectoire des religieux*, au-dessous de la conciergerie actuelle. C'est un des beaux morceaux de l'abbaye. On en avait fait, il y a quelques années, un atelier où se fabriquaient des toiles à voiles; puis elle a servi de caserne aux gardiens de la prison, et en sert maintenant à cinquante soldats de la garnison. Elle est d'un style simple roman gothique, sans détails aucuns. Cependant cela est plein de

---

(1) V. l'*Antiq.* Archéol. v. pl. V. Les ornemens de cette cheminée sont aujourd'hui à peu près complétement enterrés sous la chaux.

majesté et de grandeur, malgré la chaux dont on a maçonné et barbouillé les voûtes, autrefois de la même couleur sombre et chaude que celles des *Gros Piliers* (1).

De là, on montera dans les *Anciens Dortoirs*, après avoir visité le *Réfectoire d'en Haut*, dont une des portes fait face à celle de la conciergerie. Ces salles, construites dans le même style, et dont les proportions sont aussi larges, servent, les unes d'ateliers, les autres de dortoirs pour les détenus (2).

L'artiste entrera ensuite dans la *salle des Chevaliers* (3). Cette pièce, moins romane que les précédentes, offre un ensemble beaucoup plus grandiose et des détails plus soignés. Je ne crois pas qu'il nous reste en France un morceau d'architecture aussi complet et aussi admirable que celui-là : c'est le gothique primitif de la fin du onzième à la fin du douzième siècle, le gothique avec ses colonnes encore épaisses,

(1) Voy. ci-après.
(2) V. l'*Antiq*. Archéol.
(3) V. pl. v. l'*Antiq*. id.

ses chapiteaux chargés de trèfles sans figures grotesques, et ses ogives encore évasées et entachées de style roman. Mais ce genre est précisément celui qui convient le mieux pour une salle dont l'aspect devait être, avant tout, noble, majestueux et simple : cela est lourd, mais bien porté, mais solide, franc et sans gaucherie; cela impose comme un chevalier armé de toutes pièces, et svelte encore sous sa pesante armure et son casque d'acier.

On a fait de la salle des Chevaliers un atelier de tisseranderie et de filature pour les détenus. C'est chose étrange vraiment que de voir cinq ou six fileurs assis dans chacune des deux cheminées gothiques de cette salle, et l'on sourit d'abord en entrant; mais ce sourire tourne à l'ironie amère à mesure que l'imagination s'exalte sous l'influence du lieu, et l'artiste se retire avec un sentiment de mépris et d'antipathie profonde pour les hommes et l'esprit du gouvernement... Quand donc le poète pourra-t-il prendre, comme Jésus-Christ, un fouet pour chasser les marchands du Temple?

En sortant de cette salle, l'artiste montera

naturellement à l'*Aire de plomb*, c'est-à-dire au *Cloître* (1), qui s'élève immédiatement au-dessus de la salle des Chevaliers. Le style architectonique de ce cloître n'est point encore le gothique en fleurs ou flamboyant, qui ne prit guère que vers la fin du quatorzième siècle, c'est-à-dire près de deux cents ans plus tard, Mais le gothique du quinzième siècle est plus maigre sans être beaucoup plus svelte et plus léger, et surtout sans être plus gracieux que celui des douzième et treizième. Dans celui-ci c'est le trèfle, dans celui-là c'est l'ogive qui domine; dans l'un comme dans l'autre le motif est la feuille et la fleur plus ou moins développées. A bien regarder un édifice gothique, avec ses embranchemens, ses jambes de force, ses tourelles, ses spirales, sa tour dentelée et ses goules avancées en gouttière, vous croyez voir s'élever à travers un brouillard léger le dôme d'un bois épais avec ses troncs enlacés de lierre, ses branches mortes projetées en dehors et ses arabesques élancées

(1) V. pl. VII et VIII, et *Antiq.*, Archéol.

de feuillages et de rameaux brodés de givre. Le gothique monte aux cieux, ici en tiges dégagées comme les arbres, là en tourbillons et en spirales comme la flamme du sacrifice.

Oh! que le gothique est bien l'architecture du spiritualisme, c'est-à-dire du catholicisme : c'est la plus belle, car c'est tout à la fois la plus naturelle, la plus tendre, la plus intime et la plus entraînante expression de l'ame qui voudrait s'exhaler vers Dieu!....

Cependant le gothique n'est pas un *ordre* d'architecture : ce n'est, aux yeux de nos savans professeurs, qu'un mélange confus, mesquin et de mauvais goût, qu'un genre bâtard qui ne mérite pas de figurer avec le *toscan*, le *dorique*, l'*ionique*, le *corinthien* et le *composite*; comme si le dorique n'était pas une variation du toscan, le corinthien de l'ionique, et le composite un degré de plus vers l'ordre par excellence, le gothique.

Mais je poursuis, car l'artiste et le poète trouveront dans les bâtimens divers dont se compose l'abbaye du Mont-Saint-Michel, un cours complet d'architecture, et une histoire vivante de cet art, depuis le onzième jusqu'au dix-huitième siècle ; histoire hiéroglyphique de toutes les phases psychologiques par lesquelles nous avons passé pour arriver à celle où nous entrons aujourd'hui.

Je reviens au cloître.

Il se compose d'une galerie quadrangulaire fermée par une triple rangée de colonnettes, isolées ou en faisceaux, et couronnées de voûtes ogiviques (2) formées par des nervures d'une délicatesse exquise. Ces colonnettes sont, les unes en stuc fait avec des coquillages broyés, les autres en granit, en granitelle, en marbre-granitelle, ou en tuf. Elles sont ornées de chapiteaux en trèfle, achante, chardon, chêne et lierre dont les combinaisons sont prodigieusement variées ; puis les entre-ogives portent une rosace dans le même style et d'une variété non moins merveilleuse. L'aire, ou la cour de ce cloître, qui repose presque tout entier, sur les voûtes souples et massives de la salle

(1) Les colonnettes ont six pouces de diamètre et quatre pieds environ de hauteur, à partir de la base jusqu'au sommet du chapiteau; les arceaux ont, tout au plus, cinq pieds de d'élévation.

des Chevaliers, est à deux cents pieds au-dessus du niveau de la grève. Elle sert maintenant à recevoir les eaux pluviales pour l'approvisionnement du château. Sur les galeries on a ménagé de petites cellules, où l'on renferme aujourd'hui ceux des détenus qu'on veut isoler.

On a replâtré, il y a peu d'années, ces logettes avec bien peu de goût et une inconcevable mesquinerie; mais les galeries sont bien conservées, surtout du côté du chapitre, c'est-à-dire au couchant. Je trouve sur le cloître le passage suivant dans le manuscrit de Dom Huynes :

« Je puis dire, sans hésiter, que ces cloistres
» qui sont soutenus et élevés sur la voûte de
» la deuxième salle (1), sont *des plus agréables*
» et aussi bien, quoyque petis, qu'il s'en puisse
» trouver en France. Dont le milieu est en
» plomb pour conserver les voûtes sur lequel
» est un petit jardin de fleurs. »

Le cloître est d'un effet sublime, le soir

---

(1) Celle des chevaliers.

à la clarté de la lune : vous croyez à chaque instant voir apparaître entre les colonnes un des moines enterrés dans les caveaux, et le ballet mystérieux de *Robert-le-Diable* serait plus saisissant et plus admirable encore au milieu de ces délicieuses galeries gothiques dont le vent de mer vient, sur la cime du rocher, ébranler les arceaux, et semble agiter les chapiteaux et les rosaces comme des feuilles, les nervures comme des branches, les colonnettes comme des troncs d'arbres (1).

Tous les morceaux que je viens de faire parcourir se trouvent dans le bâtiment du nord appelé *la Merveille*.

Du cloître, l'artiste passera dans la Basilique, ou plutôt dans la chapelle du château, car le chœur seul, avec deux chapelles latérales (les bras de la croix), ont été respectés.

Ce chœur, dont le travail gothique du

---

(1) Le cloître présente une superficie de cinq mille trois cent cinquante pieds carrés seulement; mais les arceaux en sont si nombreux et les colonnettes si fines, qu'il semble bien plus vaste, surtout, vers le tomber du jour.

quinzième siècle (1) est encore plus fin, et plus svelte à l'intérieur qu'à l'extérieur, est, à lui seul, un morceau délicieux, et j'y croirais encore respirer l'encens alors que je n'y verrais plus seulement une croix. Ces voûtes, ces arceaux ogiviques des bas-côtés (malgré la chaux qui les ferme jusqu'à la clef de voûte), puis ces galeries formées de branches enlacées en ogive, et ces fenêtres hautes et souples, où il me semble voir encore étinceler les mille couleurs des vitraux historiés; puis enfin cette légère et majestueuse absyde, armoriée encore à son chevet (2); tout cela, dis-je, a tant de finesse artistique, tant d'élévation poétique, tant d'harmonie religieuse, que l'athée s'y ferait baptiser, que le poète et l'artiste y demeureraient de longues heures en extase, si les coups de marteau et le bruit des métiers n'y venaient réveiller incessamment leurs passions matérielles et leur étroit positivisme.

Cependant ne voit-on plus qu'un petit coin du tableau : de ces bas-côtés du chœur, avec

(1) Voy. pl. X.
(2) Voy. l'Antiq. Archéol.

leurs autels dédicatoires et privilégiés, qui se déroulent alentour en chapelet richement ciselé; de cette vaste nef toute romane, y compris les deux chapelles principales, vos yeux ne retrouvent plus rien aujourd'hui : l'industrie s'est assise à la place de la religion et des arts, comme si la terre était trop petite pour la religion, pour les arts et pour l'industrie !

De ses anciens ornemens, le chœur de la basilique n'a rien conservé : plus de vitraux coloriés, plus de stalles sculptées, plus de tableaux, plus de statues. C'est par un hasard, bien concevable, au reste, qu'on y voit encore un petit bas-relief en bois, peint en bronze par les Vandales, et dont le sujet est la *Cérémonie de saint Aubert avec l'enfant*, d'après la tradition. Cet ouvrage est assez fin, très-bien composé et passablement dessiné (1).

On a eu l'idée, bien extraordinaire pour les hommes qui l'ont conçue (2), de faire re-

(1) V. l'*Antiq.* Archéol.
(2) C'est à eux que nous devons les profanations dont nous voyons les traces, sans parler des actes de vandalisme de toute

peindre et de placer sur la cloison qui sépare le chœur de la nef, c'est-à-dire la chapelle des ateliers, le tableau portant le nom et les armoiries des *Cent dix-neuf* (1).

On voit bien encore autour du chœur plusieurs tableaux à l'huile, mais ils sont tous détestables, et il n'en est pas un qui ait seulement le mérite de la naïveté ou du grotesque. Si les moines avaient quelque morceau remarquable, comme l'attestent les manuscrits (2), on n'aura pas manqué de l'enlever ou de le détruire pendant la révolution de 1789.

On remarque aussi sur la muraille, entre les colonnes, de petites fresques à peu près complètement effacées, mais dont le style paraît assez simple et la manière très-naïve.

Je ne dirai que peu de mots d'un Saint-Michel en plâtre, qui figure sur l'autel au fond du chœur : ce groupe, d'après Raphaël, est bien

---

nature qu'ils ont, assure-t-on, commis ou laissé commettre en secret.

(1) V. l'*Antiq.*; Evén. milit., partie hist.
(2) *Id.* Archéol., manuscrit de Dom Huynes.

exécuté, les lignes en sont assez pures ; mais, comme sculpture, il manque naturellement d'effet.

Et maintenant, pour juger de l'ensemble de la basilique, il faut se faire conduire dans les dortoirs qui occupent la partie inférieure des bas-côtés, et dans les ateliers qui en ont usurpé la partie supérieure, la nef et les deux grandes chapelles latérales, dont j'ai déjà parlé, et qui sont coupées par un plancher vers le milieu de leur élévation. J'ai fait rajuster, non sans peine, tous ces segmens, et la planche que je donne ici (1), présente une vue d'ensemble, qu'un jour, sans doute, après les temps mauvais et les mauvais hommes, nous verrons, en nature, et purifiée de cet ignoble lait de chaux, dont on a barbouillé une grande partie des granits intérieurs du château.

De la basilique, on descendra immédiatement dans l'ancienne chapelle souterraine des Gros Piliers. C'est sur ces piliers de granit, dont le diamètre est de plus de cinq pieds, que

(1) V. pl. X.

s'élèvent les voûtes qui supportent toute la masse colossale du chœur; car le plateau culminant du rocher n'avait pas assez de largeur, et il fallut jeter une partie de l'édifice en dehors de ce plateau (1).

Le souterrain des *Gros Piliers* (2) est beaucoup plus grandiose et pittoresque, mais à peu près dans le même style que le réfectoire et le dortoir, dont j'ai parlé plus haut : c'est du onzième siècle bien caractérisé, style dont on a fait, de la fin du quinzième, au milieu du dix-septième siècle, une bâtarde imitation, ou plutôt une froide, et souvent une sotte parodie pour revenir au grec et au romain; car la renaissance de ces deux genres ne date véritablement que du règne de Louis XIV. Le style bâtard dont je veux parler ne tient guère que du romain; il en a la pesanteur sans en avoir la largeur. Quelquefois il se rapproche du toscan, et alors il perd le moelleux du plein-cintre, sans revêtir l'aspect arrêté, ferme et

(1) V. l'*Antiq.*, Archéol.
(2) V. pl. X. J'ai fait éclairer cette voûte avec la lampe de l'autel Notre-Dame qui y était autrefois. V. l'*Antiq.* Archéol.

solide qui constitue la froide beauté du genre romain, plus convenable d'ailleurs pour certains bâtimens.

De la voûte des Gros Piliers, l'artiste montera dans l'escalier du clocher, où il trouvera une issue pour faire le tour du chœur et de ses bas-côtés, sur leur toit plombé et muni de garde-fous. En se promenant sur ce toit, il pourra étudier le magnifique travail qu'offre, à l'extérieur, le cul-de-lampe en granit dont nous ne pouvons donner que le sentiment, dans la planche IV. (1). Le motif de ce cul-de-lampe est le lis en fleur : la sculpture en est d'une fermeté et d'une pureté extraordinaires.

Au milieu de ces tourelles, tourelettes et aiguilles gothiques du quinzième siècle (2), l'artiste ébranlé par le vent de mer,

---

(1) M. DE TROBRIAND publie en ce moment un *Voyage en Bretagne*, dans lequel il fait entrer de grandes vues lithographiées du Mont-Saint-Michel. Ces vues, en raison de leur proportion, peuvent rendre, sinon aussi finement, du moins plus complètement que nos petites eaux fortes, certaines parties d'architecture.

(2) V. l'*Antiq*. Archéol.

8

souvent extrêmement violent à cette hauteur, verra voltiger, en fouettant l'air sur sa tête, les vieilles crécerelles (1), couleur de rouille, planant sans relache, et dont les ailes avec leurs *passes* et les yeux avec leurs *rayonnemens* magnétiques, fascinent les moineaux, hirondelles et martinets, que semble attirer un édifice élevé, comme un flambeau attire le papillon.

Quinze ou seize mètres au-dessus de cette galerie, l'artiste arrive à une petite porte qui ouvre sur une saillie en pierre, large d'un mètre et quelques pouces, qui règne le long des quatre faces de la tour. Comme cette saillie est sans parapets, on l'appelle *le Petit Tour des Fous* : vous voyez des curieux, même parmi les femmes, qui font ce tour sans éprouver la plus légère émotion.

Huit ou dix mètres plus haut encore, vous arrivez à la dernière issue de l'escalier de granit, laquelle débouche sur une autre saillie un peu plus étroite, couverte en plomb, et ser-

---

(1) Sorte d'éperviers.

vant de gouttière à la toiture de la tour. Cette saillie, aussi sans parapets, s'appelle le *Grand Tour des Fous*. J'ai vu dans mon enfance, il y a une douzaine d'années, une jeune dame en faire le tour au bras d'un jeune homme, et je puis affirmer que ni l'un ni l'autre n'en ont perdu la tête. J'ajouterai qu'ils *jouissaient* tous deux d'un caractère très-*rassis*, et n'étaient nullement, l'un envers l'autre, dans une de ces étranges crises de la vie de passions, où l'on saisit avec enthousiasme un péril comme une bonne fortune, pour le traverser à deux.

Quant à moi, j'appellerais plutôt ces deux tours *les Grand et Petit Tour des Maçons*. Peut-être est-ce parce que je n'ai jamais pu y poser seulement un pied sans ressentir une vive émotion, moi qui ne manque pas tout-à-fait de sang-froid; mais, pour peu qu'on y réfléchisse, on comprendra qu'il faut, pour ne pas éprouver le vertige en pareil cas, ou une grande habitude, acquise par degrés, ou bien un cerveau froid où ne répondent jamais les battemens du cœur. Or, tel n'est pas, si je ne me trompe, l'état d'un fou.

Qu'on se figure la hauteur apparente du Mont-Saint-Michel vu de ce point, alors que sa circonférence diminue à l'œil en raison même de l'élévation où l'on est, et le fait plus abrupte encore; qu'on imagine l'aspect sauvage, nu, désolant des vastes grèves plates qui entourent le rocher; qu'on se mette un instant, par la pensée, sous la sombre et mélancolique influence du râle de la mer; qu'on songe à l'effet d'un léger souffle de vent au moment où l'esprit laisserait sonder l'abîme par l'imagination abandonnée à elle-même, par l'imagination dont les ailes semblent se déployer pour emporter le corps... Et l'on concevra peut-être comment le vertige fait tournoyer la tête sur la tour du Mont-Saint-Michel!

Cinq ou six mètres plus haut est la loge de l'employé au télégraphe.

Le sommet de la tour actuelle, y compris l'échelle du télégraphe, est encore très-élevée au-dessus du niveau de la grève (V. l'*Antiq.* part. *hist.*) Il y a plus de cent ans que l'ancienne tour à flèche gothique, surmontée d'une boule dorée sur laquelle tournait, au souffle du vent, l'archange terrassant le démon, l'archange à l'épée flamboyante, aux ailes étincelantes... est tombée dans un écroulement... Alors le clocher avait, d'après les chroniqueurs et les historiens, 80 ou 100 pieds de plus en hauteur. Cette tour, à son origine, avant d'avoir été abattue par la foudre et reconstruite avec plus d'ornemens(1), était dans le style du XI° siècle, dont la petite tour qu'on voit encore au chevet de la Merveille donne une idée assez exacte. C'est à peu près le style de la magnifique cathédrale de Coutances ; le gothique du temps de Guillaume-le-Conquérant, simple, élevé, grandiose, mais dont l'aspect est encore un peu plat et nu, et qui demande à être vu d'une certaine distance. L'ogive était à peine conçue à cette époque, et de la première croisade on rapporta des souvenirs qui firent modifier un peu l'architecture dans le genre oriental. Ainsi l'on voit dans certaines constructions de cette époque, notamment au Mont-Saint-Michel, dans les travaux intérieurs inférieurs de la

---

(1) V. pl. IV.

Merveille, des exemples de ces colonnes massives sensiblement élargies par le bas, et dont la tige, le plus souvent sans chapiteau, quelquefois au-dessus du chapiteau, s'épanouissait doucement en faisceau de nervures délicates(1), pour aller, en rompant et se courbant, supporter tout le poids d'une voûte. Ainsi encore les trèfles élargis qui couronnent la grande muraille de la Merveille sont modifiés dans le sens oriental mauresque (2). Il en résulta que l'ogive ne fut bien développée qu'à la fin du xiiie siècle, et ne produisit ses plus délicieuses variations dans les arabesques et les combinaisons d'ornement, que vers le milieu du xive, pour arriver à son plus brillant épanouissement, au xve.

Ce n'est qu'en descendant de la tour, et en repassant au milieu des Gros-Piliers, que l'artiste devra se faire conduire dans les souterrains.

Et d'abord il arrivera, en descendant quel-

---

(1) V. pl. IV.
(2) V. les *Voûtes* et les *Gros-Piliers*, pl. IX et XI.

ques marches au-dessous de l'église, dans une sorte de vestibule obscur, à peine éclairé par une fenêtre à hibou, et dont il ne distinguera bien les détails et les plans qu'au bout de quelques minutes. Ce vestibule, souterrain par rapport à l'église, est contigu à la salle des Chevaliers, dont les voûtes s'élèvent plus haut, mais dont le parvis est plus bas de quelques pieds. On a empiété sur cette salle sublime, sans craindre de la défigurer, pour pratiquer un passage de la conciergerie aux voûtes ; et, à moins d'une permission en règle ou d'une faveur toute spéciale, l'artiste lui-même ne pourra voir la salle des chevaliers qu'en grimpant sur la muraille qui forme ce passage, et qui n'a guère que cinq pieds de hauteur.

Le vestibule des voûtes au fond duquel, vis-à-vis la petite fenêtre, il y avait antrefois, du moins, je suis porté à le croire, un autel privilégié pour les trépassés. (V. l'*Ant.*, Archéol.) est bien la plus belle cave monumentale que j'aie vue et rêvée : Anne Radecliffe et le docteur Mathurin eussent passé leur vie à écrire sous cette voûte à la lueur d'une lampe ;

Rembrandt y eût passé dix années de sa vie à peindre son enterrement; Lesueur y eût appelé tous les moines vivans pour contempler leurs frères évoqués des tombes béantes...

Or elles sont tout près de là, ces tombes, ou au moins les cavernes souterraines qui les abritaient de leurs hautes voûtes humides.

Descendez quelques degrés encore, tournez à droite, et vous voilà dans une longue galerie sombre, au milieu de laquelle est l'entrée des anciens caveaux funèbres(1). Ce cimetière souterrain, dont la voûte en pierre est élevée de dix mètres environ, et qui peut avoir quinze cents pieds carrés de superficie, n'est plus qu'une cave au bois, et sa couleur artistique est presque entièrement effacée, car, voûtes et murailles, tout est masqué par les massifs de bois à brûler.

A l'extrémité méridionale de l'allée souterraine où se trouve ce caveau, s'ouvre une autre allée qui aboutit à une trappe assez profonde:

(1) V. l'*Antiq.*, Archéolog. Il paraît qu'il y avait deux caveaux de sépulture.

c'était l'entrée d'un cachot de pénitence pour les moines. Il y avait aussi, au fond de cette galerie (où est maintenant la roue au moyen de laquelle on monte au château les grosses provisions), un escalier aboutissant à une petite salle-vestibule, d'où l'on entrait d'un côté, dans l'hôtellerie (tombée en ruines faute d'entretien, depuis une douzaine d'années), et d'où l'on montait, de l'autre, au logement de l'abbé, par une petite galerie qui débouchait aussi dans la chapelle Notre-Dame, sous les Gros Piliers.

L'artiste reviendra sur ses pas, remontera au premier vestibule souterrain, et se fera ouvrir la porte d'une grande salle à voûtes et colonnes du xi° siècle, laquelle a été convertie en atelier de tisseranderie.

C'est à l'extrémité de cette salle, et après avoir traversé une autre petite pièce, qu'on entre dans le caveau, passablement éclairé, où était placée la *cage de fer*, laquelle était en bois. On voit encore, au front de la voûte en pierre de ce caveau, les attaches de la cage : elle était formée de gros barreaux de bois, et placée de telle sorte qu'on pût circuler alentour dans le caveau (1).

Un peu plus loin, à gauche, est une petite pièce servant de menuiserie, au fond de laquelle passe le conduit des anciennes *oubliettes*, ou *vade in pace* (2).

Revenant encore sur ses pas, l'artiste descendra dans la galerie souterraine, à voûtes et piliers aussi du xi° siècle (3), qui mène aux cachots les plus profonds, les plus humides et les plus sombres du château, et encore au canal des oubliettes.

Tous ces souterrains, avec leurs voûtes et piliers sont d'une couleur, et d'une richesse, d'une chaleur de tons à brûler la toile, à défier le *chique* de nos artistes à la tâche et au métier. Pour celui qui a vu cela, qui a erré une heure seulement sous ces voûtes, il n'y a

---

(1) V. l'*Antiq.*, Particul. hist. et archéol.
(2) V. *Antiq.*, Particul. hist. et archéol.
(3) V. l'*Antiq.*; Archéol. Cette galerie s'appelait autrefois le *Paurmenoir*.

pas d'exagération, il n'y a que faiblesse et fausseté dans les plus sombres caveaux d'opéra féerie ou de mélodrame. Les souterrains du Mont-Saint-Michel sont froids, nus, suans, rongés de rouille et de salpêtre..... chauds, colorés, sonores, flamboyans de souvenirs et de traditions!—On descend bien encore par le grand escalier du saut Gauthier (1) à un cachot dit de la Trappe, parce qu'on y descend par une trappe, au moyen d'une échelle de corde; mais ce cachot n'a d'effrayant que son entrée ; il est bien éclairé, exposé au midi, et n'a, d'ailleurs, aucune couleur artistique.

Les cachots ou cellules contigus, appelés des *doubles grilles*, parce qu'ils sont, en effet, garnis de deux grilles de fer aux lucarnes, ont un peu plus de style, mais la couleur n'y est plus : tout cela est passé au lait de chaux.

Le grand escalier du saut Gauthier, ancienne plate-forme méridionale qui conduit à l'église, aboutissait autrefois à la salle des gardes, et desservait l'entrée principale de l'ab-

(1) V. l'*Antiq.*, Archéol.
(2) V. ci-dessus.

baye (1). Il paraît que, dans le principe, il y avait, au pied de l'église, de ce côté, près de la *grande* citerne, un cimetière commun pour les enfans et les frères convers de l'abbaye (2).

Il y a bien encore quelques morceaux assez curieux pour l'artiste dans l'intérieur du château ; entre autres la *salle du gouvernement* au dessus de celle d'entrée ; la *salle de réception* dans l'ancien logement de l'abbé, salle lambrissée du haut en bas avec des planchettes taillées en forme de feuilles de parchemin déployées à la suite l'une de l'autre (3); la plateforme occidentale (4) qui occupait en grande partie la nef de l'église, raccourcie de près de

---

(1) V. l'*Antiq.*, Archéol.

(2)   *Id.*   *id.*

(3) Ornement d'assez mauvais goût, dont on se servait beaucoup vers la fin du seizième et au commencement du dix-septième siècles.

(4) C'est sur cette plate-forme et sur celle du saut Gauthier prendre l'air aux détenus. La grande plate-forme est flanquée à l'ouest d'une tourelle, appelée *Tour du Méridien,* parce qu'on y a placé un cadran solaire. Cette tourelle est précisément le canal des oubliettes.

vingt mètres aujourd'hui, et fermée, en 1793 ou 1794, par une façade bizarrement composite, grecque et romane (1).

Mais on n'a vu et compris qu'à demi lorsqu'on n'a pu rentrer que de jour dans le château : malheureusement, il est bien difficile d'y pénétrer, et surtout d'y pouvoir librement errer le soir. Deux fois seulement, pendant mon dernier séjour, j'ai pu y entrer, mais pour quelques instans, et avec un gardien. En revanche, lorsque je vins, encore enfant, pour la première fois au Mont-Saint-Michel, je m'y égarai un soir en sortant de chez le directeur : trouvant la porte des souterrains ouverte, j'y entrai par méprise. Ce ne fut qu'après une demi-heure de tâtonnemens, dans l'obscurité la plus profonde, sous ces voûtes humides, que je retrouvai enfin la porte par où j'y étais entré, et que mes sanglots me la firent ouvrir par le gardien. Cette promenade me valut deux ou trois nuits blanches, lentement écoulées au milieu des revenans, comme

(1) On dirait une transaction symbolique entre les deux époques.

si les morts eussent voulu me punir d'avoir profané leur asile, après l'heure sonnée de leurs promenades funèbres...

Je me souviens que, ce soir-là, en revenant dans le bas de la ville par les remparts, je m'arrêtai plus d'une fois pour prêter l'oreille aux cris doucement plaintifs des courlieux dans les grèves. Rien n'est suave et pénétrant comme leur note prolongée et mourante écoutée la nuit au pied de cette colossale *Merveille* qui semble, avec ses tourellettes, ses aiguilles, et sa haute tourelle au chevet (1), un cercueil gigantesque dont le luminaire, à demi consumé, et violemment éteint par le vent, fume encore dans l'obscurité, sous l'absyde étoilée d'un ciel bleu entre deux nuages déchirés par le vent, qui enveloppent la lune comme la fumée d'encens la lampe d'une basilique...

Mais, en écoutant la voix des courlieux, voilà que j'entends un bruit de chaînes lourdement traînées, et ce ne sont pas des revenans, ce sont des spectres vivans qui les traî-

---

(1) La tour du réfectoire. V. l'*Antiq.*; Archéol.

nent avec leurs dernières illusions déjà toutes impitoyablement fanées au souffle de l'époque... Retirons-nous avec nous-mêmes, reprenons notre vol au moyen âge pour venir planer de haut sur le monde actuel; car la vie est froide et matérielle aujourd'hui, elle pèse au cœur et y glace la poésie en y figeant le sang!

MARINES.-EFFETS DE BROUILLARDS.

Ce n'est pas plus au Mont-Saint-Michel qu'à Nantes et même à Paimbœuf, par exemple, que l'artiste qui comprend la *marine* proprement dite, et la veut bien exprimer, ira étudier les effets de ciels marins, de mer, de grèves et de rochers : là, comme à l'embouchure de la Loire, il ne trouvera guère que les plans unis, et les teintes plates de M. Gudin, ou les tons de mer bitumineux de M. Isabey. Dans les grèves du Mont-Saint-Michel, la mer ne présente, ordinairement, que l'aspect d'un lac immense, dont les eaux, sorties de leur bassin naturel, inondent les plaines environnantes. Quelquefois cependant, lorsque, dans les marées de mars ou de septembre, elle monte de quinze à vingt pieds, un vent frais peut lui donner la couleur et l'aspect de la pleine mer; mais ce sont là des cas tout-à-fait exceptionnels. Dailleurs, la baie ne possède, en tout, que deux méchans bateaux plats, et c'est miracle de voir arriver de Granville, au Mont-Saint-Michel, un sloop de dix ou douze tonneaux.

Enfin, les rochers de la baie, même ceux du Mont-Saint-Michel, ressemblent trop à ceux des rivières, par la couleur, et par l'absence presque totale des plantes marines qui tapissent les rochers marins: c'est tout au plus si on en voit quelques bons fragmens autour de Tombelaine; et, il faut aller jusqu'à la pointe de Carolles, d'un côté; jusqu'à la baie de Cancale de l'autre, pour trouver des marines chaudes de tons, vigoureuses et pittoresques de formes et de plans. A coup-sûr, si M. Isabey avait étudié dans les parages de Granville et de Saint-Malo, il eût fait d'autres bateaux que les *bouées* (1) massives des pêcheurs Dieppois ou Dunkerquois, qu'il se plaît encore à charger à force de pâte; mais les eût-il fait *filer* sur une mer plus salée que celle de Paimbœuf? Je ne le crois pas, car les études ne lui ont pas manqué pour faire mieux.

Si les marines sont généralement plates et froides au Mont-Saint-Michel, les paysages y sont, en revanche, riches, brillans, et présentent, assez souvent, des effets qui tiennent du merveilleux.

C'est du mirage et des brouillards que je veux parler surtout.

Figurez-vous, par exemple, ce haut et colossal Mont-Saint-Michel, détaché de la grève par un nuage de brouillards avec lequel il semble voguer dans l'air, majestueusement assis sur cette nuée qui l'emporte au ciel; et cela, par un soleil éblouissant, dont les rayons entou-

9

rent l'édifice à son sommet, comme une auréole poétique.— Figurez-vous cela, et vous comprendrez vaguement, vous pressentirez un des effets de brouillards les plus communs dans cette baie ; mais ces effets se modifient, se colorent d'une manière prodigieuse, et il en résulte quelquefois des tableaux dont la poésie est au-dessus de toute expression humaine, et rappelle les plus sublimes descriptions de la Bible.

On a vu toute la baie inondée d'un brouillard impénétrable, tandis que tout le Mont, rochers et bâtimens, depuis le campanile jusqu'à la grève, se dessinait dans une atmosphère pure et limpide, embrasée par un soleil ardent, sous un dôme de ciel bleu !!

C'est là un de ces tableaux magiques, une de ces visions célestes que Dieu ne prodigue pas, et que bien peu d'hommes, que quelques poètes seulement sont capables d'embrasser du regard, sans éblouissement.

Mais ce qu'on voit presque tout les jours, dans les grèves du Mont-Saint-Michel, pour peu que les nuages ne soient ni trop bas ni chargés, ce sont ces effets de mirage qui poétisent tout le paysage, et font illusion à l'homme le plus positif et le plus froidement matériel. J'ai vu, plongée dans un lac de vapeurs, une côte dont je ne distinguais que la cime des arbres, et qui me semblait noyée par une subite inondation; j'ai dévié de ma route, croyant voir encore la mer au pied d'une langue de terre qu'elle avait abandonnée depuis plus de deux heures; j'ai vu, au loin, des pêcheurs qui paraissaient courir sur l'eau ou marcher sur des nuages...

Et je n'ai pas voyagé en Afrique, pour voir, pour admirer ces merveilleuses transfigurations, ces illusions de vapeurs et de lumière.

Et lorsque le vent balayait, en sifflant, les nuages et les vapeurs sur les grèves, le sable et les hirondelles; quand je revenais, ployant sous la brise du nord-ouest, que défiait obstinément quelque héron solitaire, quel paysage poétiquement nu, ferme, sauvage, breton! quelle nature âpre; et comme je comprenais, et avec quelle force j'évoquais Salvator Rosa!

L'Antiquaire.

Géologie. — Archéologie.

Cette partie de mon ouvrage, par elle-même si curieuse, si intéressante, si importante pour l'artiste et pour le chroniqueur, si propre à jeter du jour sur les événemens historiques, et sur l'histoire de notre architecture, j'y ai consacré beaucoup de temps, et je l'ai traitée d'une manière aussi complète que me l'ont permis les documens qui nous restent, à savoir: d'une part, les anciens manuscrits de l'abbaye du Mont-Saint-Michel ; de l'autre, le *Gallia christiana* et le *Neustria pia*, recueils, dont les auteurs ont pu consulter des manuscrits perdus pour nous. Je ne me suis appuyé sur aucun auteur moderne, parce que je n'en connais pas qui aient travaillé avec soin et intelligence, si ce n'est M. de Gerville, dont j'ai eu à rélever quelques erreurs, et qui, encore, n'a parlé que des bâtimens, des événemens historiques, et cela depuis l'abbé Maynard I*er* seulement, dans ses *Recherches sur les Antiquités de la Normandie*. J'aurais eu trop à faire de redresser les autres historiens, ou auteurs de notices; et, si je me suis arrêté deux ou trois fois à réfuter M. Blondel, notamment sur un point important de géologie que peut-être je pourrai plus tard mieux éclaircir encore; c'est que sa notice est assez populaire dans le pays, et y propage des données vraiment ridicules (1).

Le Mont-Saint-Michel, isolé aujourd'hui au milieu d'une grève plate, à une demi-lieue du

---

(1) Cependant M. Blondel a donné les *événemens historiques* d'une manière assez complète; mais il ne faut guère chercher que cela dans sa notice.

rivage, au fond d'une baie de près de neuf lieues carrées, s'élevait autrefois dans une vaste plaine couverte de bois, que la mer a envahie, ou progressivement, ou, ce qui est plus probable, dans le cours d'une marée de septembre, déployée par un vent de nord-ouest violent et soutenu.

M. Blondel, dans sa notice, où il admet sans examen des faits beaucoup plus inexplicables, repousse cette opinion, fondée, dit-il, sur l'interprétation fausse d'un manuscrit de la bibliothèque du Mont-Saint-Michel (1). Mais M. Blondel n'a pas pris garde que plusieurs auteurs, entre autres les moines Radulphe ou Raoul Glaber (2) et Sigebert (3), qui vivaient

---

(1) V. ci-après.
(1) *Hist.* ab ann. 980 ad ann. 1045.
(3) *Chron.* ab ann. 381 ad ann. 1112, édit. d'Aubert Lemire. Cet auteur semble, il est vrai, se contredire sur ce point; car, après avoir avancé le fait en termes non équivoques, il dit plus loin : « Archangelus Michaël, apparens Auberto Abrincatensi » episcopo monuit semel et iterùm ut *in loco maris, qui, propter* » *eminentiam sui, tumba vocatur*, etc. » Mais il suffit que le fait soit incertain pour qu'on doive l'expliquer de la manière la plus vraisemblable. V. ci-après.

aux onzième et douzième siècles, et n'avaient sans doute pas lu ces manuscrits, lesquels ne remontent qu'à la même époque, tout au plus; comme il est facile de s'en convaincre par l'écriture et par quelques notes, ont avancé le même fait d'une manière précise. D'ailleurs, pour peu qu'on ait étudié les accidens de la mer, sur ces côtes surtout, on admettra, comme la plus vraisemblable, la donnée que j'adopte. En consultant les auteurs anciens et modernes, en examinant les lieux, et en questionnant les habitans, je me suis expliqué d'une manière assez satisfaisante les révolutions opérées par la mer sur cette côte. Aux environs de Sougeal, bourg situé dans les marais, au midi de Pontorson, l'on a trouvé, en creusant le sol, à une assez grande distance du Coesnon, un ou plusieurs bateaux et des bancs de sable et de coquillages. Cela prouve que la mer, lors de son irruption dans la vallée qui séparait la petite Bretagne, ou Bretagne celtique, de la Grande-Bretagne, s'est jetée avec plus de force, poussée par les vents de nord et de nord-ouest, sur les côtes de Bretagne et de Normandie, spécialement dans les baies de Cancale et du Mont-Saint-Michel, et sur toute la côte méridionale de la Manche, là, en un mot, où le gouleau était plus étroit et le sol moins élevé, envahit d'abord la plaine qui s'étend entre les deux coteaux de Beauvoir et de Saint-Georges, où le Coesnon lui servit de canal dans les terres. L'existence de la *Mare Saint-Coulman*, entre Châteauneuf et Saint-Guinou, dans les marais qui s'étendent jusqu'à la digue de Cancale, viendrait à l'appui de ce que je dis. Ce petit lac (dont le sol environnant, à une assez grande distance, reposant sur des couches liquides, éprouve presque partout des ébranlemens sensibles sous le pied du voyageur), est plein de branches et de troncs d'arbres (1) noircis et presque métallisés, que leur dureté et leur pesanteur ont fait appeler bois de fer (2).

(1) De chêne surtout.

(2) On l'appelle aussi *coëron* ou *quaron*, mot dont l'étymologie la plus simple me paraît être *aquarum*. Cependant on lui a découvert pour étymologie celtique les mots *coet* ou *codt*, bois de forêt, et *ronn* ou *rann*, fragment; *ronn*, *rann*, rouler, courir.

Il se dégage des marais environnans et des bords de ce lac beaucoup de gaz, qui attestent la présence d'une quantité considérable de débris animaux et végétaux en putréfaction. Les marais de Dol, de Mont-Dol, de Pontorson et de Sougeal, offrent quelques phénomènes de même nature dans certains endroits, mais nulle part les ébranlemens du sol ne sont aussi sensibles qu'aux environs de la Mare Saint-Coulman, et, quoi qu'on en ait dit, je ne crois pas qu'on ait trouvé ailleurs le bois de fer dont j'ai parlé plus haut (1).

Mais en recherchant les bornes de l'an-

---

(1) On trouve, dit-on, assez souvent de ces arbres roulés dans les grèves du mont Saint-Michel, de Saint-Benoît, etc., ce qu'il y a de certain, c'est que je n'en ai vu que dans les environs de la mare Saint-Coulman. On s'en sert dans tout le pays pour faire des espaliers, des barrières, etc., ce bois étant susceptible de résister extrêmement long-temps à la pluie et à l'air.

Quant à la qualité du sol, dans les grèves du Mont-Saint-Michel, c'est une sorte de sable qu'on appelle *tangue*, parce qu'il se mêle aux matières animales grasses dont se composent les couches inférieures semi-liquides, à cinq, six et sept pieds de profondeur. En creusant dans ces grèves, on voit les couches de tangue se rembrunir sensiblement et passer du gris pâle au noir de pêche. On vient chercher des tombereaux de cette tangue

cienne forêt de Sciscy, on verra qu'elle devait occuper les baies et marais depuis Granville et les îles de Chausey jusqu'à la Rance, près de Châteauneuf. Il serait trop long d'examiner ici cette question, et je renvoie pour cela aux auteurs que j'ai consultés, et qui peuvent jeter du jour sur cette matière (1).

J'ajouterai seulement, à l'appui de mon opinion, que la mer a fait encore, depuis vingt ans, des invasions considérables sur la côte qui ferme la baie du Mont-Saint-Michel, et que nous la voyons partout abandonner et envahir successivement des portions de terrains très-étendues : il est constant, par exem-

jusque de quinze et vingt lieues à l'entour pour fumer la terre. Les habitans de la côte grattent et ramassent la première couche de la tangue, d'où ils retirent le sel en faisant évaporer, par ébulition, l'eau douce dans laquelle ils l'ont lavée.

(1) V. Pline, l. XXIV, c. XI, p. 65; Montfaucon, *Ant expl.*, t. IV; *Sigebert, in chron.*; *Glaber, in hist.*; *Antiquit. mss. Norman; de Thou, in vit. suâ;* les *Annales, bénédict.* de Mabillon; le *Gallia Christiana;* le *Neustria Pia;* Ogée, *Dict. hist. et géog. de Bret.*; les *Recherches sur la baie de Cancale et du mont Saint-Michel*, par M. *l'abbé Manet*, etc.—Ogée étend cette forêt jusques à Coutances.

ple, d'après tous les anciens historiens, qu'elle s'est retirée d'Aigues-Mortes, et aussi de Guérande, dont elle approchait si près qu'elle y formait un port de ce nom, etc., etc.

Quoi qu'il en soit, le Mont-Saint-Michel fut d'abord appelé par les chrétiens : *Mons in procella maris*, ou *in periculo maris*, ou *in tumbâ*, c'est-à-dire *veluti in tumbâ*, parce que les ermites s'y retiraient *comme dans une tombe*. Avant son occupation par les Romains, il s'appelait, dit-on, *Mons*, ou *Tumba Beleni* (1).

---

(1) V. l'Encyclopédie au mot BÉLENUS. *Tumba* ou *Tumulus Beleni*, mont sacré, monument, temple de Bélenus. Ce dieu Bélenus est le même, sans doute, que le *Baal* de l'Écriture, le *Belus* des Assyriens, le *Belus* ou *Mithra* des Gaulois, le *Belatoukeadres* des Celtes et le *Belatucadrus* des Anglais. Or, une inscription rapportée par Gruter: *Appollini Beleno, C. Aquileius Felix;* prouve que Bélenus ou Bélus n'était autre chose que le soleil, reconnu et adoré comme dieu.

Parmi les inscriptions de Gruter on remarque les deux suivantes, trouvées dans le duché de Cumberland :

Deo sancto Belatucadro Aurelius Diatova aram ex voto posuit.

Deo Belatucadro lib. votum fecit Jolus.

« Enfin, dit l'auteur de l'article Bélenus dans l'Encyclopé-

Ce nom de Tombelène, ou Tombeleine (1), que conserve encore un îlot inhabité situé à une demi-lieue au nord-est du Mont-Saint-Michel, porterait à croire que les Gaulois

» die, persuadé que ce nom était mystérieux jusque dans les
» lettres, Elias Schéduis* les a considérées selon leur valeur
» dans les nombres (à la manière des anciens Grecs, dont les
» caractères étaient, dit-on, en usage parmi les Druides), et a
» trouvé qu'elles faisaient 365 jours, temps de la révolution du
» soleil autour de la terre. »

Β η λ ε ν ο ς
2 8 30 5 50 70 200.

Le nombre des adorateurs du soleil, c'est-à-dire de la nature, est redevenu assez considérable ; mais ils ont changé de nom et s'appellent *Déistes* : la *rêverie* est leur prière unique ; ils douteraient de tout (par bonne foi, disent-ils, par orgueil et par faiblesse, disons-nous), s'ils ne croyaient avoir une croyance.

(1) Peut-être le mot *Tumbellena* ou *Tumbulana* des anciens manuscrits n'est-il que le diminutif de *Tumba*. Mais Dom Huynes, dans son histoire manuscrite, ainsi que le *Chronicon minus*, rejette, malgré son adoption dans quelques bulles des papes, cette dernière étymologie, et garde le silence sur la première ; il dit que le mot Tombelène vient de *Tumba Helenœ*, et raconte à ce sujet, d'après une tradition, qu'Hoël, prince de

* V. Elie Schédius : de Diis Germanis, etc.; recherches immenses d'un jeune homme, mort à 26 ans. V. aussi J. G. Vossius, *de origine et progr. idolatr.*

Druides, qui adoraient le soleil, lui avaient bâti un temple, ou sur le mont aussi grand, mais moins élevé, appelé aujourd'hui *Tombelène*, ou sur le Mont-Saint-Michel même.

Bretagne avait une fille ou une nièce, nommée Hélène, laquelle lui fut enlevée par un Espagnol, qui la mena sur cette île avec sa nourrice; qu'elle y fut abandonnée, y mourut, et y fut enterrée par les soins de sa nourrice, qui l'y pleura long-temps. On verra, à la fin de ce volume, la curieuse tradition sur laquelle Dom Huynes s'est appuyé, sans doute.

Voici encore, sur ce sujet, un passage de M. de Marchangy, qui diminue le poids de la tradition sur Hélène, tradition dont la poésie est assez belle d'ailleurs, et n'a pas besoin d'être fondée sur la vérité.

« Les paysans disent qu'une jeune fille du nom d'Hélène,
» n'ayant pu suivre *Montgommeri**, son amant, qui allait avec
» le duc Guillaume, conquérir l'Angleterre, mourut de cha-
» grin sur ce rivage, où elle fut ensevelie. Les pêcheurs ont
» observé que chaque année, le jour et l'heure où l'on dit que
» trépassa cette fille de châtelaine, quand elle eut perdu de vue,
» dans la vapeur de l'Océan, le vaisseau qui emportait sa vie,
» une colombe vient le soir sur les genêts de *Tombelène*, et ne
» s'envole que le lendemain à l'aurore; mais, en dépit de cette
» amoureuse tradition, les clercs affirment que ce mont était
» autrefois consacré à Bélénus, dieu du soleil, et que de là lui
» vient le nom de *Tombelène*. »

* C'est encore, comme on voit, une tradition toute différente.

Cette dernière hypothèse me paraît la plus vraisemblable : les chrétiens, pour faire oublier l'origine profane d'un lieu où ils élevaient un temple, donnèrent ainsi le change, en imposant au Mont qu'ils ne voulaient point adopter le nom païen de celui qui leur semblait le plus vaste, le plus imposant et le plus digne de leur choix : ainsi s'explique une contradiction apparente, qu'on n'a fait encore qu'indiquer, et dont on ne s'est pas rendu compte jusqu'ici.

Avant la domination des Romains, lorsque la Bretagne celtique était couverte de monumens Druidiques, le Mont-Saint-Michel offrait un piédestal naturel au Dolmen, et une retraite sacrée pour la vie mystérieuse des Druidesses. Aussi l'occupèrent-elles, au nombre de neuf, jusqu'à l'arrivée des Romains, et de là elles rendaient leurs oracles, dictaient les lois et vaquaient aux cérémonies de leur culte. On trouve même à ce sujet, dans l'introduction à l'*Histoire ecclésiastique de Bretagne par Déric* et dans les *essais de Saint-Foix*, une tradition fort curieuse, et qui, quoiqu'en dise M. de Gerville, ne contredit point ce que nous savons sur les Druidesses (1). Avant de s'embarquer, les marins allaient acheter aux Druidesses du mont Bélénus des flèches qui, lancées dans les flots par le plus jeune et le plus beau marin de l'équipage, avaient, au dire de ces prêtresses, la vertu d'apaiser les tempêtes. Au retour du navire, le jeune homme venait en députation chez les Druidesses, leur offrait des présens, et, en le renvoyant, elles attachaient sur ses vêtemens des coquilles dont le nombre était en raison de son mérite, ou plutôt des témoignages de reconnaissance qu'il leur avait donnés.... « Et l'on » peut encore observer, ajoute naïvement » M. Blondel dans sa notice, qu'il n'y a eu » jusqu'à présent, au Mont-Saint-Michel, que » des femmes à tenir quelques boutiques garnies de chapelets, de bagues, de colliers, de » médailles de Saint-Michel en argent, et » d'écharpes en rubans couvertes de coquilles,

---

(1) Voy. Strabon, Tacite, Pomponius Mela, et enfin Pelloutier, *Hist. des Celtes.*

» dont les pèlerins ne manquent pas de faire
» emplette pour s'en décorer à leur retour. »

En vérité, l'observation me semble, pour le moins, aussi curieuse et beaucoup plus naïve que la tradition !.. Je ne sais pas au juste si les femmes seules ont toujours été et sont encore en possession de vendre des médailles et des chapelets au Mont-Saint-Michel ; mais ce que je sais bien, c'est qu'elles ne jouissent à cet égard d'aucun privilége exclusif.

On a pensé que M. de Châteaubriand a eu en vue le Mont-Saint-Michel dans son admirable épisode de Velléda. — Cette opinion n'est pas bien justifiée, et je crois au surplus que l'auteur des *martyrs* ne s'est servi que de souvenirs vagues dans sa description *composite* de la forteresse romaine, au pied de laquelle il place un lac. Toutefois cette description se rapporte en partie aux monts Tombelène et Saint-Michel, et en partie au mont Dol, qui n'en est éloigné que de trois à quatre lieues, et domine un marais. Les Romains élevèrent des constructions sur ces trois monts et appelèrent le Mont-Saint-Michel *Mons Jovis*, après y avoir bâti un temple à Jupiter (1).

A la fin du quatrième siècle, quand le christianisme commença à prendre racine dans les Gaules, la vie d'ermite fut adoptée par un assez grand nombre de chrétiens zélés, nouvellement convertis à la foi, et qui sentaient le besoin de se recueillir pour méditer et enseigner. Dans le courant du siècle suivant, plusieurs de ces ermites, s'étant retirés aux monts Jou et Belène, y bâtirent des cellules, et les deux monts formèrent, cent ans plus tard, sous la direction de saint Pair, évêque d'Avranches, une sorte de monastère qu'on appela *monasterium ad duas tumbas*, sans doute par la réunion, sous un seul directeur, des religieux retirés sur les deux monts, joints l'un à l'autre par une avenue de la forêt de Sciscy. Les premiers ermites étaient approvisionnés par un curé de Beauvoir (2), et n'avaient pour

(1) De là le nom de *Mons Jovis*, *Mont Jou*, qu'a porté le Mont-Saint-Michel sous la domination romaine.

(2) *Neustria pia*. Le père Dumonstier, auteur de ce recueil, a beaucoup puisé dans les manuscrits où sont recueillis tous les miracles opérés, suivant les vieilles chroniques, au Mont-Saint-

subsister que ce qu'il pouvait leur envoyer. Saint Pair régularisa la vie des religieux, leurs successeurs, augmenta leur nombre, fit resserrer toutes les cellules sur le Mont Jou, et pourvut à l'existence du monastère.

En 709, sous le règne de Childebert II, St-Aubert, douzième évêque d'Avranches, fit construire de véritables cellules à la place des cabanes qui en avaient tenu lieu jusqu'a lors, et par ses soins, une église fut élevée au centre des cellules. Ici, une tradition mystérieuse prend la place de l'histoire positive ; mais on s'incline devant cette tradition, si étrange, si merveilleuse qu'elle soit, car il ne fallait rien moins qu'une communication d'en haut, une étincelle de génie, pour faire poser

Michel ou dans les environs. Voici la tradition qu'il rapporte sur le fait dont il s'agit : « Cibos et alimenta *solebat eis mit-* » *tere parochus* (de Beauvoir)... *Huic* (*monti*) *sarcinæ ferendæ* » *assueverat asinus, qui tandem præda factus est lupo obvianti;* « *qui divina providentia ac potentia id officii exhibere coactus* » *fuit...* » « L'âne qui leur portait habituellement leurs provisions ayant été dévoré par un loup, la divine providence voulut que ce loup remplit lui-même l'office de l'âne. »

sur la cime de ce rocher escarpé, au bord de la mer, la première pierre d'un monument aussi colossal, aussi prodigieux que celui dont nous admirons aujourd'hui les reliques majestueuses, si belles encore à l'ombre du vandalisme dont elles portent les profanes insignes!

Le voyageur qui fait le tour du Mont-Saint-Michel est arrêté par son cicerone au pied d'une toute petite chapelle (1) bâtie sur un quartier de rocher élevé de douze pieds environ, et où l'on monte par un étroit escalier, moitié en maçonnerie, moitié taillé dans le roc granitique. Cette chapelle est dédiée à Saint-Aubert et a reçu le nom de cet évêque. Le rocher qui lui sert de base, porte à son extrémité avancée, l'empreinte profonde d'un pied, marquée comme elle le serait dans un sable mou et humide. J'ai mesuré exactement cette empreinte; elle répond à celle d'un pied d'enfant de dix ou onze ans. Or, voici ce que rapportent, à cet égard, les chroniques.

L'évêque Aubert fut averti par saint Michel,

---

(1) V. pl. XII.

dans plusieurs visions, de dédier le Mont à cet archange et d'élever en son honneur une église sur la partie la plus élevée du rocher. Mais la hauteur de ce rocher et son escarpement effrayèrent le saint évêque, et il attendit un autre avertissement d'en haut.

Saint-Michel lui apparut de nouveau, et ne fit que l'ébranler plus fortement ; mais à la troisième apparition, il lui posa le doigt sur la tempe gauche, avec tant de force que ce doigt fit une ouverture dans le crâne (1) ; puis il lui dit : « Revêts-toi de tes ornemens

(1) On voit encore aujourd'hui, dans l'église du château, sur la chaire, un petit bas-relief assez bien traité, qui représente la cérémonie prescrite par Saint-Michel. J'aurais fait exécuter un dessin de ce bas-relief, pour servir de frontispice à mon ouvrage; mais j'ai trouvé beaucoup plus naïf le dessin à la plume que je me suis borné à faire calquer dans le cartulaire manuscrit du mont. J'ai vu à la sacristie de l'église Saint-Gervais d'Avranches le crâne qu'on garde comme étant celui de Saint-Aubert : il porte, en effet, sur la tempe gauche, une ouverture qui ressemble assez à celle que ferait une balle de munition, si ce n'est qu'on dirait cette ouverture pratiquée à la longue, en grattant le crâne; car on remarque tout autour du trou un amincissement sensible de l'os, et les bords en sont minutieusement arrondis.

» pontificaux, monte au sommet du rocher,
» suivi de tes frères et du plus jeune enfant
» du nommé Bain, habitant de la rive voi-
» sine; prends dans tes bras cet enfant, fais
» lui poser le pied sur la cime du rocher, et
» elle s'écroulera aussitôt, laissant à décou-
» vert la place où tu bâtiras l'église dont je veux
» être le patron auprès de Dieu. » Le pieux
évêque ne balança plus; il fit voir aux religieux
l'ouverture faite sur sa tempe par le doigt de
l'archange, l'ordre d'en haut fut exécuté, la
prédiction accomplie; et c'est sur le rocher
précipité à la base du Mont, que fut construite
l'église ou chapelle primitive (1); quant à la

(1) Le *Neustria pia*, d'après les manuscrits dont j'ai parlé, et dont le sens a été adopté par le célèbre Feuardent, par Dom Huynes et par plusieurs autres historiens, charge encore la tradition de cet épisode, et en fait une véritable imitation de l'Énéide : « *Intereà taurus*, IN EADEM INSULA, *a latrone furtim* » *captus, ligatur in loco illo; unde episcopus, tertio admoni-* » *tus, jubetur ut loco ipso fundamentum jaceret, quò tau-* » *rum ligatum inveniret; et sicut eam terram pedibus contri-* » *visse videret, sic ecclesiæ ambitum duceret. Quæ dum epis-* » *copus retulisset populo*, AD LOCUM NAVIGIO ACCESSERUNT, *et tau-* » *rum invenientes ut archangelus prædixerat, ecclesiam desi-*

petite chapelle consacrée à saint Aubert; elle ne fut bâtie que plusieurs siècles après sa mort. Je dis plusieurs siècles, car elle ne date guère que du treizième. Du reste, son caractère architectural est peu saillant, n'appartient, bien précisément, à aucune époque, et elle n'est remarquable que par sa simplicité et le pittoresque du site. Cette chapelle est entretenue en bon état, et l'on y dit la messe tous les ans pour célébrer la fête de saint Aubert.

Après le déblaiement du sommet, le roc

» *gnare cœperunt.* » Sur ces entrefaites, un taureau fut enlevé par un voleur, et amené *sur cette île*, où il fut attaché à un pieu, et, dans un troisième avertissement, l'évêque reçut l'ordre de bâtir l'église à l'endroit même où il trouverait un taureau attaché, et de mesurer la grandeur de l'église sur la trace imprimée au sol par les pieds de cet animal. Ce que Saint-Aubert ayant rapporté à ses paroissiens, ils abordèrent au mont *en bateau*, et, ayant trouvé en effet le taureau désigné, ils commencèrent à tracer le plan de l'église.

On voit que l'auteur du *Neustria pia*, qui admet, un peu plus haut et plus bas, l'existence d'une forêt autour du Mont, se contredit ici formellement, ou plutôt oublie le passé pour le présent.

présentait une surface conique, et l'église de Saint-Aubert fut bâtie sur des fondemens parallèles à la circonférence du plateau, c'est-à-dire circulaires.

D'après une autre tradition, saint Aubert employa, pour aplanir le rocher, non pas le pied d'un enfant, mais les bras de ses religieux et du plus grand nombre de paysans qu'il put rassembler, sous la direction d'un certain *Banion* ou *Bain*, lequel, du reste, reçut, comme saint Aubert, dans un songe mystérieux, l'ordre d'aller lui-même travailler avec ses douze enfans.

Enfin, suivant une tradition mixte, le plus jeune des douze enfans de ce Banion ou Bain aurait été choisi par saint Aubert pour poser son pied sur celle des deux pointes de rochers que les travailleurs avaient vainement essayé de faire sauter.

Tandis qu'on y jetait les fondemens de cette église, saint Aubert dépêcha, toujours d'après l'ordre de l'archange, trois clercs de son église d'Avranches pour rapporter du mont Saint-Ange (1), au bord de la mer Adriatique, non pas *des reliques* de l'archange saint Michel, comme le dit naïvement M. Blondel, mais un morceau du tapis et de la table de marbre sur lesquels l'ange s'était posé lors d'une apparition dans ce lieu, suivant la tradition (2). Les clercs mirent près d'une année à faire leur pélerinage, et, à leur retour, ils demeurèrent tout stupéfaits, en arrivant à la hauteur de Beauvoir, lorsqu'ils virent toute la campagne, entre le pied de cette colline et le mont, convertie en une vaste grève, au milieu de laquelle s'élevait majesteusement l'édifice

---

(1) Ou mont·Gargan; d'où vint ce nom au mont Saint-Michel, qui le porta assez long-temps, comme le prouvent les titres des manuscrits : *Historia hujus montis Gargani, etc.*

(2) Ce morceau de tapis est encore, m'a-t-on assuré, sous la pierre sacrée de l'autel, dans l'église du château. La Chronique des miracles et faits merveilleux, et d'après ce manuscrit, le *Neustria pia*, dans un chapitre intitulé *De scuto et gladio, etc.*, parlent encore d'une épée et d'un bouclier, dont saint Michel se serait servi en Irlande pour tuer un serpent, à la prière des habitans. Cette épée et ce bouclier auraient été portés au Mont-Saint-Michel par ordre de l'archange, et le père Dumoutier et Dom Huynes, disent les avoir vus et maniés eux-mêmes.

nouvellement achevé (1). Or, c'était le 16 octobre, peu de temps après la terrible marée qui, en 709, favorisée par un violent vent de nord-ouest, avait envahi sur tant de points

(1) *Neust. pia; Gall. christ.;* mss. de Dom Huynes et autres du Mont-Saint-Michel. Le *Neustria pia,* toujours d'après le recueil manuscrit des miracles et merveilles, ajoute : « *Et nuntiis ex-* » *ponentibus quod contigerat, canonici montis Gargani fidem* » *habuerunt, iisque spontè sacras reliquias commise-* » *runt. Quarum attactu, dùm eas reverenter deferrent, variis* » *in locis duodecim visum cœci receperunt. Cùm non procul à* » *monte essent, senex et cœca femina, pietate mota domo* » *egreditur, sequi cupiens, illico oculis lucem hausit :* » *in cujus miraculi fidem, pagus anteà dictus Austeriat* (les » manuscrits qui nous restent portent AUSTERIACUM), *ex tunc* » BEAUVOIR *vocitatus fuit.*» « Et les chanoines du mont Gargan ajoutèrent foi à leur récit, et leur donnèrent des fragmens des reliques demandées; avec lesquelles les pélerins rendirent la vue à douze aveugles, en divers lieux, sur leur passage pour revenir en Normandie. Et lorsqu'ils furent arrivés à une petite distance du Mont-Saint-Michel, une femme vieille et aveugle étant sortie de sa maison par dévotion pour les suivre, recouvra la vue; d'où est venu au bourg d'*Austry,* où cela se passait, le nom de *Beauvoir.* »

Je n'ai rien à dire sur cette tradition, si ce n'est qu'il suffit d'avoir passé par Beauvoir, vis-à-vis le Mont, pour s'expliquer, sans ce miracle, le nom qu'il porte. (Voy. *l'Artiste,* route de Pontorson.)

les côtes de la Bretagne et de la Normandie les plus avancées vers l'Océan (1).

En 963 ou 965, moins trois siècles après sa fondation, par saint Aubert, la première chapelle du mont fut abattue, et Richard Ier, duc de

(1) Voici le passage d'un manuscrit du Mont-Saint-Michel, que M. Blondel prétend avoir été mal interprété : « *Summi in-* » *tereà nuntii repedantes post multa itineris spatia ad locum* » *quo digressi fuerant, ipso die quo fabrica completa est in* » *monte jàm dicto* IN OCCIDUIS PARTIBUS, *quasi novum ingressi* » *sunt orbem, quem primum veprium densitate plenum reli-* » *querant.* »

« Cependant les envoyés étant revenus après un très-long voyage, et étant arrivés le jour même où l'édifice fut achevé, crurent entrer dans un tout autre lieu, quand ils virent ainsi changé le plateau du mont qu'ils avaient laissé, en partant, tout couvert de buissons épais. »

M. Blondel explique cette phrase en disant que les mots: *Quem primum veprium densitate plenum* se rapportent au versant du mont, qui était et est encore fourré d'arbres et d'arbustes. Si M. Blondel avait lu avec un peu moins de prévention, ou dans son entier, le manuscrit qu'il cite, qui est celui de *Ranulfe*, il y eût rencontré ce passage, parfaitement clair, et qui prouve que l'autre *ne prouve rien* : « *Qui primum locus, sicut a veraci-* » *bus, cognoscere potuimus narratoribus, opacissima clau-* » *debatur sylva...* » Lequel lieu (le mont), ainsi que l'attestent les historiens les plus dignes de foi, était entouré d'une forêt très-épaisse. » Ces deux passages se trouvent mot

Normandie, fit construire à la place une vaste église entourée de bâtimens spacieux (1) pour des moines réguliers de l'ordre de saint Benoît, qu'il fit substituer aux clercs d'Avranches. Malheureusement, il fallut employer la force

pour mot dans le manuscrit qui est en tête du même codex, n° 34. où est celui de Ranulphe. V. ci-après : *Manuscrits*.

D'ailleurs, il est évident que les mots *in occidiis partibus* signifient *vers l'occident*. L'auteur du *Neustria pia* l'emploie aussi dans ce sens et avec raison lorsqu'il dit dans un titre (p. 373) : *Incipit revelatio ecclesiæ sancti Michaelis, arch., in monte qui dicitur tumba, in occidiis partibus, sub Childeberto, etc.*

J'ajouterai que ce côté du Mont, encore boisé d'arbustes et de baliveaux, ressemble beaucoup à un petit coin de forêt, et n'est autre chose qu'un morceau de l'ancienne forêt de Sciscy, que son élévation a fait épargner par la mer.

Quant à une prétendue carte du sixième siècle, dit-on, où était tracée la route que traça Antonin à travers les grèves actuelles, il est évident que cette carte a été faite ou *refaite* beaucoup plus tard.

D'ailleurs, cette carte n'était composée que d'après l'itinéraire d'Antonin. (V. ci-après aux *Médailles*, les éclaircissemens que je donne sur l'auteur véritable de cet itinéraire.)

(1) ***Delubrum miræ magnitudinis spatiosaque mœnia construxit.*** Gall. christ.; Neust. pia; Hist. ms. de Dom Huynes et autres mss. du Mont-Saint-Michel.

pour expulser les anciens religieux, que leurs débauches avaient rendu odieux, et ils emportèrent avec eux les chartres et parchemins du monastère. Les nouveaux moines furent choisis dans les abbayes de Jumiéges, de Saint-Vandrille, de Saint-Melaine et d'Evreux (1).

Le duc Richard Ier, fils de Guillaume-Longue-Épée, et beau-frère de Hugues Capet, dont il favorisa l'usurpation, avait, au témoignage des historiens, et des chartres, une prédilection sans bornes pour les ordres monastiques réguliers, et le monastère du Mont-Saint-Michel n'est pas le seul qu'il fonda et dota; mais ce fut bien celui auquel il accorda le plus de priviléges, et il eut, en cela, pour continuateur son fils Richard II.

Cinq ou six ans après la mort de Richard Ier, qui arriva la même année où la construction du monastère fut achevée (1001 ou 1003), un incendie consuma l'église, et tous les bâtimens qui l'environnaient, car le vent, qui soufflait du nord-ouest, fit déborder la flam-

(1) Hist. ms. de Dom Huynes.

me de l'église sur les bâtimens, et il fut impossible d'arrêter l'incendie (1).

En 1023 (2), Richard II, fit jeter sur le plateau du Mont les fondemens d'une église beaucoup plus vaste encore, et qu'une chartre, rapportée au cartulaire manuscrit du Mont-St-Michel, décore à juste titre, du nom de *Basilique* (3). Les parties souterraines et la nef, presque intacte, de cette église, existent encore aujourd'hui; je dis les parties souterraines; car, l'espace manquant pour asseoir un édifice aussi vaste, on forma entre autres un

---

(1) Hist. ms. de Dom Huynes, ms. du Mont; *Gall. christ.*; *Neust. pia.*

(2) Les auteurs du *Gallia christiana*, et, d'après eux, M. de Gerville, disent que ce fut en 1022. Le *Neustria pia* dit: *circà* 1020. J'adopte la date donnée par Dom Huynes et par la *chronologie* manuscrite. (V. ci-après : *Manuscrits.*)

(3) Hist. ms. de Dom Huynes et autres, mss. du Mont-Saint-Michel; *Neust. pia; Gall. christ.* Voici le début de la charte de Richard II en faveur du Mont Saint-Michel : « *Ego, Richar-* » *dus, gratiá Dei, dux et princeps Normanorum, pœnas in-* » *ferni cupiens effugere, et paradisii gaudia desiderans* » *habere post mortem, etc.* » Les donations et priviléges contenus dans cette charte sont très-étendus.

plateau artificiel, au moyen des voûtes épaisses et des piliers ronds colossaux qui supportent le chœur. Quant aux caveaux de la nef, ils ne furent pratiqués que plus tard, comme on le verra, excepté la galerie appelée le *Pourmenoir*, sous la *salle des Conférences*, à l'ouest du *vestibule des voûtes* (V. pl. XI), et aussi la galerie qui mène à la *roue* actuelle (1). Le souterrain des grands piliers a servi très-long-temps de chapelle; on y descendait, dans le principe, par le vestibule des voûtes, au fond duquel, à droite, était une petite porte donnant sur l'étroite galerie de communication. Il y avait, sous la même voûte du vestibule où était cette issue, un autel pri-

---

(1) Dom Huynes dit: les *chapelle, voûte et piliers* sous terre. On lit dans le *Gallia christiana* : « *Richardus II speciosorem alteram, cum Hildeberto, cœpit, anno* 1022, *ædificare, qualis hodieque visitur, præter illam ecclesiæ partem, quæ superior, seu caput appellatur. Ut autem ad ecclesiæ fabricam spatium sat amplum in hujus montis cacumine haberet, crassiores pilas, muros et fornices extruxit cum* CAPELLA *subterraneâ, suprà quam ecclesiæ navem collocavit.* » Il est évident que le mot *navem* s'applique dans ce passage au bâtiment tout entier, et non pas seulement à la *nef*.

vilégié pour les morts. Lorsqu'on éleva sous les gros piliers l'autel de Notre-Dame, il y eut discussion parce que cet autel se trouvait tourné à l'ouest; mais on cita l'église Saint-Benoît de Paris, et la controverse n'empêcha pas de continuer le travail. Plus tard, on fit une autre avenue souterraine conduisant du logis abbatial à cette chapelle, par une seconde petite chapelle sous l'invocation de saint Étienne. Pour ce qui est de la nef, elle a seulement été raccourcie de douze mètres environ en 1792 ou 1793, au profit de la plateforme, et l'architecte la ferma par une façade grecque à laquelle il adapta des colonnes à chapitaux assez bien copiées du onzième siècle : on dirait d'un compromis symbolique entre les de x époques.

Le duc Richard ne fit probablement (1) que

---

(1) Toutefois le *Neustria pia* porte : « *Dux Richardus et abbas* » *Hildebertus curárunt, anno* 1023, *ut ecclesia* , etc., » et nous venons de voir dans le passage ci-dessus du *Gallia christiana* : *Richardus cum Hildeberto.* M. de Gerville dit positivement que Hildebert fut chargé par Richard *du détail des travaux ;* rien ne justifie cette assertion, et M. de Gerville me permettra de

fournir l'argent pour la construction de l'édifice, et c'est sans doute à Hildebert, troisième abbé du Mont, qu'il faut en attribuer le plan large et hardi; mais la mort enleva trop tôt cet abbé, et il ne fit exécuter que la voûte des grands piliers et une partie des autres ouvrages souterrains.

Radulfe, Ranulfe, Raoul ou Renou (1), de Beaumont, premier du nom, et huitième abbé, fit élever les piliers de la nef jusqu'à une certaine hauteur (2), et Radulfe deuxième du nom, son successeur, *paracheva cette nef, fit faire aussi les murailles et galeries du septentrion, et le cimetière ou caveau des reli-*

supposer plus de savoir au moine qu'au duc. Cet antiquaire s'élève avec force contre les données historiques hasardées ; il devrait au moins ne rien hasarder lui-même, ou ne le faire qu'en consultant la vraisemblance.

(1) M. de Gerville traduit *Radulphus* tantôt par *Rodolphe*, tantôt par *Raoul*. Ainsi il dit Rodolphe Glaber et Raoul de Beaumont. Ce qu'il y a de certain, c'est que *Radulphus* peut se traduire également par *Radulphe* ou *Raoul*, mais non pas par *Rodolphe*.

(2) Ms. de Dom Huynes.

gieux sous la nef (1). Enfin, selon l'auteur du *Neustra pia*, qui sans doute aura puisé ce renseignement dans quelque manuscrit perdu pour nous, ce fut lui qui éleva la voûte de la tour entre le chœur et la nef, et non-seulement il acheva la construction, mais il fit aussi la distribution du vaste corps de ce bâtiment appelé de nos jours *la Merveille* (2).

L'an 1103, le samedi saint, au moment où les religieux sortaient de l'église, après l'office du matin, la voûte de la nef s'écroula, entraînant avec elle une partie des dortoirs (3).

En 1112, le vendredi saint, pendant l'office de matines, la foudre mit le feu à l'église; l'incendie se communiqua, la consuma avec tous les bâtimens, et il ne resta que les voûtes et les morceaux susceptibles de résister à la flamme et aux écroulemens partiels. Cepen-

(1) Ms. de Dom Huynes; *Gall. christ.*; *Neustria pia*. C'était un cimetière réservé aux religieux de chœur: nous verrons plus tard qu'il y en avait un extérieur dans la cour de la grande citerne.

(2) C'est donc à la fin du onzième siècle que remontent les *ouvrages extérieurs actuels* de cet admirable édifice.

(3) *Hist.* ms. de Dom Huynes. *Chronolog.* ms. V. ci-après.

dant aucun des religieux qui assistaient à l'office n'éprouva de mal, et toutes les maisons de la ville furent épargnées par la flamme.

Dom Huynes et un autre historien manuscrit disent qu'une statue en bois de la Sainte-Vierge fut trouvée intacte dans l'église après l'incendie. On retrouva cette statue cinquante ans après la mort de Dom Huynes, dans la chapelle sous terre (1).

(1) Voici, au sujet de cette statue, une note assez curieuse, que j'ai trouvée sur une page laissée en blanc du manuscrit, n° 34 :

« Le lundy dix-neuvième jour d'avril de l'an mil six cent
» quatre-vingt-quatorze, je trouvay derrière la boiserie de
» l'autel de la Vierge, en la chapelle sous terre, une ancienne
» image de bois, représentant la Sainte-Vierge avec le petit
» Jésus, qui fut miraculeusement préservé lors de l'incendie gé-
» néral, tant de l'église et de l'ancienne chapelle dite des Trente-
» Cierges, que de tous les lieux réguliers, arrivé par le feu
» du ciel, *l'an mil cent douze.* J'ai fait mettre ladite ancienne
» image dedans une niche en ladite chapelle sous terre avec un
» châssis de verre au-devant. Il y vient un grand concours de
» pélerins en voyage, etc., etc. J'ai dressé une déclaration am-
» ple de cette découverte, laquelle j'ai signée, le 20 juin audit
» an 1694.

» F.-V.-François GUINGAT. »

En 1117, Roger, onzième abbé, avait déja beaucoup avancé les reconstructions, et, cinq ans plus tard, tous les bâtimens étaient relevés, plus beaux et plus solides encore qu'auparavant. Ce même abbé fit reconstruire l'intérieur de tous les édifices du nord, réfectoires, dortoirs, et aussi la grande *salle des chevaliers* (1). Puis il fit en pierre la voûte du cloître, qui avait été jusqu'alors en bois (2), et au-dessous de ces corps de logis, sous les voûtes, il établit de belles écuries (3).

Relativement à la salle des chevaliers, je lis dans les *Recherches* de M. de Gerville le passage suivant:

« En terminant, je dois rendre compte des
» motifs qui m'ont engagé à garder le silence
» sur la belle salle des chevaliers, l'un des plus
» beaux monumens du Mont-Saint-Michel....
» Quant à moi, j'ai cherché en vain sur la con-
» struction de cette salle des renseignemens

(1) *Hist.* ms. de Dom Huynes; *Neust. pia; Gall. christ.* V. ci-après.

(2) V. ci-après.

(3) V. ci-après.

» authentiques dans les sources où j'ai géné-
» ralement puisé, ou dans les manuscrits que
» j'ai consultés, tout ce que j'en ai pu trouver
» se réduit à ce passage du *Gallia christiana:*
» *Rogerius..... extruxit equitum magnificam*
» *aulam*, etc. D'après ce témoignage d'un bé-
» nédictin qui avait reçu sur cette maison de
» sa congrégation les renseignemens les plus
» dignes de foi, il faudrait rapporter au com-
» mencement du douzième siècle l'origine de
» la salle des chevaliers. A la vérité, l'ordre
» des chevaliers de Saint-Michel n'existait pas
» encore; mais auparavant, les plus grands
» rois ne venaient-ils pas fréquemment visiter
» ce lieu révéré depuis des siècles, suivant
» l'expression d'un contemporain du roi Ro-
» bert (1)? »

Si M. de Gerville avait pris la peine de consulter avec un peu d'attention les manuscrits
dont il parle dans ses *Recherches*, il aurait

---

(1) *Recherches sur les antiquités du département de la Manche*, par M. de Gerville.

trouvé dans Dom Huynes ce passage bien clair et bien explicite :

« Nous lui avons (à Roger II) l'obligation
» de tous les logis qui sont du côté du sep-
» tentrion, qu'il fit faire depuis les fondemens
» jusqu'au sommet, les dortoirs, réfectoires,
» la grande salle des chevaliers y sont com-
» pris; et sans doute ce corps de logis, avec
» ses admirables voûtes, peut disputer tant
» en beauté et délicatesse de l'ouvrage que
» pour l'épaisseur, la force et hauteur des
» murailles, avec les plus superbes édifices du
» royaume. »

Cela résulte d'ailleurs assez évidemment, et du passage précité du *Gallia Christiana*, et de plusieurs indications, moins précises, du manuscrit n° 34, Ier et IVe cahiers.

Enfin je trouve dans un autre passage du *Gallia christiana* cette phrase, qui ne laisse plus aucun doute : *Insuper, arcam claustri quæ priùs erat lignea lapideam fecit* (1)*, et subtùs*

---

(1) *Hist.* ms. de Dom Huynes; *Neust. pia; Gall. christ.*

ipsam, aulam et cameras lapideas, et in tertio ordine stabula equorum, fornicibus super fornices libratis, mirabiliter adaptavit. En outre il fit construire en pierre la voûte du cloître, qui auparavant était en bois, et sous cette voûte une salle et des logis en pierre ; puis au-dessous encore des écuries, tout cela construit avec des voûtes merveilleusement superposées.

Du reste, le style architectural de ces édifices, dans l'intérieur, vient à l'appui des passages que je cite, et M. de Gerville avoue qu'il n'a pas eu le temps de les étudier assez bien pour se former une opinion à cet égard.

Bernard, treizième abbé, fit rééditier, vers 1135, une partie de la nef non encore relevée depuis l'écroulement de 1103. Il fit aussi bâtir, sur les quatre grands piliers du chœur, une *belle et haute tour* qui ne se voyait plus dès le temps de Dom Huynes, et dans laquelle il mit deux superbes cloches fondues exprès (1);

---

(1) C'était encore à cette époque un objet de luxe et de curiosité autant que d'utilité.

puis il fit renfermer la tête et les os de saint Aubert dans une châsse d'argent doré. Enfin il construisit à Tombelène des cellules, où il se retirait de temps en temps avec ses religieux, ou les envoyait en retraite (1); et il fit bâtir, sur une montagne du duché, alors comté de Cornouailles, une église qu'il dédia aussi à saint Michel. Le prieuré de Cornouailles dépendait de l'abbaye du Mont-Saint-Michel, en vertu d'une chartre d'Édouard-le-Confesseur, confirmée ensuite par Robert, comte de Cornouailles (2).

En 1138, le Mont-Saint-Michel se ressentit cruellement des troubles qui déchiraient la province : « Une bande de canailles et de fri» pons, dit Dom Huynes, vint mettre le feu » en cette ville, dont plusieurs maisons furent » réduites en cendre. Le monastère n'en fut » pas exempt, d'autant que tous les lieux ré» guliers et logemens des religieux furent

---

(1) Ms. de Dom Huynes et autres; *Gall. christ.; Neust. pia.*

(2) Ms. de Dom Huynes; *Cartul.*, ms. du Mont-Saint-Michel; *Livre vert*, ms. du diocèse d'Avranches.

» brûlés, à l'exception de ce grand corps de
» logis bâti par Roger II, où est maintenant
» le réfectoire. L'église ne fut pas non plus
» endommagée (1). »

Un tremblement de terre se fit sentir en 1155 au Mont-Saint-Michel, et il fut si violent, disent les auteurs du *Gallia chistiana* et Dom Huynes, d'après l'abbé Robert-du-Mont, qu'on croyait que les édifices allaient s'écrouler.

M. de Gerville, fondé sur le manuscrit de Thomas Leroy (qui est encore un problème pour moi. Voy. ci-après *Manuscrits*), parle d'un incendie par la foudre arrivé en 1161 ; mais ni la *Chronique manuscrite*, ni le manuscrit de Dom Huynes, ni le *Gallia christiana*, ni le *Neustria pia*, n'en font mention.

En 1177, Robert de Torigny (2), quinzième abbé, répara les édifices avec tant de soin, qu'il les fit plus beaux qu'avant l'incendie. Il éleva aussi le nombre des religieux de trente à soixante (3). Il fit construire tous les édifices

---

(1) V. aussi le *Gall. christ.*
(2) Autrement dit *Robert-du-Mont.*
(3) *Gall. christ.*; ms. de Dom Huynes; *Neust. pia.*

qui sont au-dessus et au-dessous de la chapelle Saint-Etienne, à côté de celle de Notre-Dame, logemens qui servaient autrefois d'infirmerie (1). Sur la fin de ses jours, il fit bâtir le plomb du four et tous les autres bâtimens et voûtes qui se trouvent au-dessous (2); la longue voûte appelée du temps de Dom Huynes le *Pourmenoir*, et où l'on mettait alors la provision de bois et celle des fourrages (3); puis

(1) Il s'agit ici du corps de logis des détenus politiques.

(2) Ms. de Dom Huynes, *Neust. pia*; *Gallia christ.*

(3) Ms. de Dom Huynes; *Neust. pia*; *Gall. christ.* Ce sont les souterrains par lesquels on descend au *vide-baquets*, contigus à l'endroit où étaient *les poulains*, c'est-à-dire la roue destinée à monter les provisions. Cette roue était placée autrefois au nord-est du cloître ou aire de plomb, vis-à-vis la fontaine Saint-Aubert *, au nord du Mont.

* Encore une tradition sur cette fontaine : on dit que saint Aubert, ayant besoin de beaucoup d'eau douce pour ses ouvriers et pour les maçonneries de ses constructions, fit sourdre miraculeusement avec son bâton la source d'eau douce qui alimente la fontaine, renfermée depuis dans une sorte de grande niche en pierre. Tout ce que je puis dire, c'est que cette eau est saumâtre, et par conséquent ne convient pas même pour les mortiers de construction. Voici le passage des manuscrits sur ce miracle, passage copié par l'auteur du *Neustria pia* : « *Cùm deesset aqua dulcis necessaria hujus loci
» accolis, implorata à sancto Autoberto Archangeli ope, designatus fuit
» locus quem ut primùm fuste divus Autobertus percussit, Deo volente,
» aquæ vivæ fons erupit, non modo usibus humanis necessarius, sed cu-
» randis variis morbis aptissimus.* » (V. le *Voyageur* et les *Partic. hist.*)

deux hautes tours au bout de l'église, sur le plomb du four (1). De plus, Robert-du-Mont fit refaire la grande salle nommée *le vieux dortoir* (2).

En 1200, l'une des tours élevées par Robert, qui était mort depuis quatorze ans, s'écroula et ensevelit sous ses ruines la bibliothèque, et les manuscrits nombreux composés par cet abbé non moins savant qu'actif et intelligent (3), dont l'administration fut si avantageuse au monastère.

---

(1) Ms. de Dom Huynes; *Gall. christ*. Ces tours n'existent plus; il n'en reste même aucune trace. Cependant les manuscrits ne mentionnent la ruine que de l'une des deux.

(2) Ms. de Dom Huynes; *Gall. christ*. — Au-dessus de celle des chevaliers.

(3) Voici ce que dit de lui l'auteur du *Neustria pia* : « Porrò
» hic vir, in omni genere scientiarum prœstantissimus cùm
» esset, multa scripsit communi quidem stylo sed fideli ac ve-
» raci : Historiam montis sancti michaelis ; Commentarios in
» Epistolas sancti Pauli ; Acta conciliorum, lib. i ; Bellum
» sacrum christianorum principum, lib. viii ; de suis Tem-
» poribus, lib. i; ab anno 1101 ad ann. 1183 ; de Gestis
» Uvalavicani et Marodoci, lib. ii ; *Et alia non pauca, teste*
» *Roberto Cœnali Arboretano episcopo, qui ea perlustrárat*
» *ac legerai.* centum quippe quadraginta volumina edidisse,

En 1203, époque à laquelle la Normandie passa sous la domination française, Jourdan ou Jourdain, dix-septième abbé, fidèle jusqu'au bout à Jean-sans-Terre, eut à soutenir un siége opiniâtre contre Gui de Thouars, allié de Philippe-Auguste et venu contre le Mont avec une armée de Bretons. Sommé de se rendre, Jourdan s'y refusa ; les Bretons, maîtres de la ville, mirent le feu au monastère, et la flamme n'épargna que les édifices voûtés, l'é-

» *atque turris sub ruinis et impluvio computruisse refert his-*
» *toria Montis sancti Michaelis calamo exarata, anno 1169,*
» *jussu Alexandri III, pap.*, etc. »—« Cet homme, supérieur dans toutes les branches de la science, a composé un grand nombre d'ouvrages écrits dans un style simple, commun même, mais clair et franc : une *Histoire du Mont-Saint-Michel*, des *Commentaires sur les Épîtres de saint Paul*; les *Actes des conciles*, liv. 1 ; *la sainte Guerre des princes chrétiens*, liv. VIII, une *Chronique de son temps*, de l'an 1101 à l'an 1183 ; et une *Histoire des gestes d'Uvalavican* d'Uvalavican (Benoît Dell'Uva) *et de Maradocus ;* puis un grand nombre d'autres ouvrages. Et cela, au témoignage de Robert Cœnalis, évêque d'Avranches*, qui les avait examinés et lus. En effet, cet historien nous apprend que Robert-du-Mont composa *cent quarante volumes*, lesquels furent ensevelis et ont pourri sous les décombres d'une tour. »

* Robert Cœnalis... (Voy. *Antiq. manuscript. Norman.*)

glise et les bâtimens en pierre. Heureusement Philippe-Auguste, après avoir entièrement soumis et pacifié le pays, voulut bien envoyer une somme considérable pour réparer l'abbaye. Ce fut avec cet argent que Jourdan, ayant fait d'abord toutes les réparations, construisit le dortoir, le mur de clôture du réfectoire, et le cellier ou office. Enfin les réparations et reconstructions de toutes les parties combustibles du grand bâtiment, au septentrion, furent exécutées avec une magnificence et des améliorations telles qu'on lui a attribué cet admirable édifice tout entier (1).

Selon M. de Gerville, encore d'après le manuscrit de Th. Leroy, Radulphe, ou Raoul-des-Iles, dix-huitième abbé, aurait fait reconstruire encore le réfectoire supérieur en 1216. Quoi qu'il en soit de ce fait peu important, ce n'est point, comme le dit M. de Gerville, à ce Raoul-des-Iles, mais à Raoul de Villedieu, vingtième abbé, qu'est due la construction des piliers du cloître. Ici encore, si M. de

---

(1) Manuscrit de Dom Huynes; *Neust. pia*; *Gall. christ.*

Gerville avait pris la peine de lire le long manuscrit de Dom Huynes, dont il dit lui-même que celui de Thomas le Roy n'est guère qu'un abrégé plus clair et plus précis, il n'eût pas commis cette erreur, véritablement capitale, puisque les galeries et la *colonnade* du cloître sont certainement un des plus beaux morceaux d'architecture qui existent au Mont-Saint-Michel et en France.

Raoul de Villedieu fit placer aussi dans la galerie de ce cloître, du côté du chapitre, une statue (1) de saint François d'Assises, avec cette inscription :

(1) Il s'agit ici d'une statue et non pas d'un portrait en pied copié sur celui de saint Marc de Venise, comme le dit M. Blondel; Dom Huynes s'explique bien clairement à cet égard. Ce serait, d'après un écrit tout récemment publié, ce même Raoul de Villedieu qui aurait fait venir d'Italie le saint Michel terrassant le démon, statue-groupe en or massif ou plaquée en or qui a long-temps figuré sur le clocher de l'abbaye. L'auteur (je tairai son nom) a savamment entassé erreur sur erreur dans le récit d'un prétendu pélerinage au Mont-Saint-Michel (récit que, par parenthèses, il attribue à une personne morte aujourd'hui). Je ne m'arrêterai pas à relever les bévues grossières de cet écrivain, qui, par exemple, place en Bretagne la petite ville de Pontorson, laquelle est bien et a toujours été

Richard Turstein ou Toutain, vingt-unième
abbé, fit construire, vers 1257, *les superbes*

normande. Mais, à en juger par l'histoire de ce pélerinage,
M. ..., homme éminemment spirituel d'ailleurs, aurait plus d'a
plomb et de savoir-faire que de véritable science, et serait bien
moins antiquaire qu'amateur de vieille marqueterie. Or, il me
permettra bien de lui apprendre 1° que le Saint-Michel en or fut
envoyé par le comte de Harcourt à l'abbé Robert Jolivet,
vers 1440 *; 2° que cette statue n'était plus depuis très-long-
temps sur le clocher du Mont-Saint-Michel en 1788, époque à
laquelle ce campanille, tronqué par un écroulement, n'avait
déjà plus sa flèche. Il est constant, d'autre part, que ce groupe
était depuis longues années dans l'église, et j'en trouve la preuve
dans un *Voyage de France*, publié en 1734, sous le voile de
l'anonyme**. L'auteur, qui, à vrai dire, n'est pas non plus très-
exact, dit, en parlant du maître-autel de l'église abbatiale:
« Son rétable est enrichi d'ornemens de sculpture, et le haut
» en est terminé par une niche dans laquelle est posée une
» statue de l'archange Saint-Michel, de la hauteur d'un homme,
» que l'on dit être toute d'or.... » Il est évident qu'il s'agit ici
de la statue qui figurait dans le principe sur le clocher, statue
que l'auteur du *Voyage en France* n'eût pas manqué de placer

---

* « *Idemque recepit ab Baricuriano comite imaginem sancti Michaelis
» pondo marcarum septuaginta sex.* » — « Et le même abbé reçut du comte
» de Harcourt une statue de saint Michel pesant soixante-seize marcs. » On
ne dit pas, il est vrai, qu'elle fut d'or, ou d'argent plaqué en or; mais
s'il n'en eût été ainsi, pourquoi eût-on fait mention du poids ?

** Un vol. in-12, chez Th. Legras.

bâtimens entre le cloître, et le logement du corps-de-garde (1).

Dom Huynes dit qu'on lui doit en outre la salle du chapitre, adjacente au cloître, puis encore *Belle Chaise*, pour le logement du con-

sur ce campanile, si elle y eût encore été à l'époque où il visita le Mont. D'un autre côté, j'ai interrogé plusieurs vieillards montois ou des environs, et aucun ne se souvient de l'avoir vue ; deux d'entr'eux m'ont dit cependant qu'ils en avaient entendu parler *par leurs aïeuls ou aïeules*. On sait seulement par le passage de De Thou, cité plus haut, que la statue resplendissait encore au soleil, et tournait au vent, en 1567. Mais personne n'en a fait mention depuis. Il est probable que le coup de foudre qui a *pulvérisé* cette statue en 1788, suivant M....., ne la frappa qu'en 1792, et ne fit que la fondre en lingots pour la monnaie, si les religieux ne l'avaient pas déjà vendue depuis long-temps.

(1) Manuscrits de Dom Huynes; *Gall. Christ.*; *Neust. Pia*.— Ces bâtimens sont aujourd'hui complétement en ruines : on avait commencé à en extraire de la pierre pour construire le mur actuel qui masque les racines granitiques de la Merveille ; mais on a laissé debout, jusqu'à une assez grande hauteur encore, la base de ce corps de bâtimens, attendu qu'il soutient celui de la plate-forme, auquel il sert de jambe de force. Le corps-de-garde dont il s'agit était, à ce qu'il paraît, à l'angle tournant de la Merveille, sous les murailles et dans une tourelle de la plate-forme, inhabitée aujourd'hui que ce bâtiment menace ruine.

cierge, bâtiment qui fut plus tard consacré, en partie, à la garnison du cloître (1).

M. de Gerville ajoute, en citant le *Gallia Christiana*, que Richard Toutain fit bâtir le cloître ; et, selon Th. Leroy, les piliers seulement du cloître. Le *Gallia Christiana* se borne

(1) C'est le corps de bâtimens dit *du gouvernement*, dans lequel se trouve la *salle des gardes*. Mais il ne faut pas y comprendre les deux tours et le mur extérieur qui forment l'entrée au nord-est. (V. pl. V.) Je puis affirmer, d'après le style de ce bâtiment, qu'il ne date que du commencement, ou peut-être même du milieu du seizième siècle : cet ouvrage, appartenant encore au gothique par une souplesse et une grâce qui n'exclut pas la solidité et le grandiose, reprend, par le style de cette petite porte *demi-cintre* pour le moins, et des colonnettes qui l'encadrent, la couleur romane par laquelle on s'était éloigné du Byzantin, pour arriver au Chrétien, par laquelle on est revenu, en la défigurant et la rapetissant, au grec à mesure que le chrétien s'est refroidi.

Je crois donc qu'il ne s'agit ici que de la muraille intérieure, laquelle est en effet d'une épaisseur et d'une solidité remarquables. J'ajouterais bien que M. Blondel attribue à Guillaume de Lamps (*) la construction de cette entrée extérieure ; mais ils ne s'appuie sur aucune autorité. Quant à moi, je n'ai trouvé que celle du style.

* V. ci-après.

à dire qu'il acheva le cloître, en 1228. Le *Neustria pia* se sert à peu près des mêmes expressions. Cependant Dom Huynes n'en parle point.

En 1300, la foudre embrasa encore l'église, et l'incendie fut si intense que le métal des cloches coulait ardent sur les édifices. Les toitures de l'église, des dortoirs, et de plusieurs autres corps de bâtimens furent brûlés, et les charbons, lancés par le vent sur la ville, en réduisirent en cendres presque toutes les maisons (1). « Il semblait, dit à ce propos Dom » Huynes, qu'on ne devait plus penser à bas- » tir si magnifiquement ce monastère, ayant » été brûlé déjà quatre fois, et que c'était un » signe manifeste que Dieu n'agréait pas ces » superbes édifices ; mais le bon abbé Guil- » laume (2), à l'exemple de ses prédéces- » seurs, eut des sentimens tout contraires, » comme firent aussy ses successeurs..... En » quoy il s'occupa fort généreusement toute

---

(1) Manuscrits de Dom Huynes, *Gall. Christ.*
(2) Guillaume du Château.

» sa vie, tant à l'er ːroit de son monastère que
» pour les ruines survenues dans la ville par
» cet embrasement; le tout par son grand
» mesnagement, et aux dépens de l'abbaye. »

Jean Delaporte, vingt-septième abbé, fit bâtir la chapelle de saint Jean l'Évangéliste, *contre la partie méridionale de la croisée*. On voyait encore naguère son monument surmonté d'une statue en habits pontificaux (1).

La foudre tomba de rechef sur le Mont-Saint-Michel en 1350, et détruisit encore une grande partie des bâtimens à peine remis en état. Nicolas-le-Vitrier, vingt-huitième abbé, travailla aux réparations avec tant d'ardeur, que le monastère se trouva, peu d'années après, en meilleur état qu'auparavant.

Cependant cet abbé était continuellement

---

(1) Dom Huynes ne parle point de tout cela. Le *Neustria pia* dit seulement : « *Fretus favore et benevolentia Philippi VI Valesii, Fr. R., cœnobium multis ædificiis auxit.* » Grâce aux présens et à la faveur de Philippe-de-Valois, roi de France, il ajouta plusieurs corps d'édifices au monastère.

harcelé par les Bretons et les Anglais (1). Au mois de juillet 1374 (2), la foudre consuma encore une grande partie des bâtimens, entre autres les dortoirs et cellules, et plusieurs maisons de la ville. Les nouvelles cloches furent aussi fondues *comme de la cire* (*campanarum densissima mole ut cera liquescente* (3).

Geoffroy de Servon, vingt-neuvième abbé, fit travailler jour et nuit à réparer ce désastre, et ajouta aux édifices, la chapelle de sainte Catherine, qui a servi ensuite de logement aux abbés (4).

Geoffroy de Servon eut pour successeur Pierre Leroy, l'un des plus célèbres, et certainement le plus remarquable de tous les abbés du Mont-Saint-Michel.

Suivant Dom Huynes, il fit décorer l'église

---

(1) Manuscrit de Dom Huynes ; Gall. Christ.

(2) C'est à tort que M. de Gerville date cet incendie de 1370. Le *Gallia Christiana*, dont il s'appuie, n'est pas plus d'accord avec lui que le manuscrit de Dom Huynes.

(3) *Gall. Christ.* Manuscrit de Dom Huynes *Neustria Pia*.

(4) *Gall. Christ.* Manuscrit de Dom. Huynes.

avec une grande magnificence, et orna les autels de *plusieurs images et tableaux qu'il fit apporter de Paris*. (1)

« En 1389, dit le même historien, il fit
» oster les stalles du chœur, qui étaient fort
» simples et trop vieilles, mettant au lieu
» celles que nous y voyons à présent, qui té-
» moignent assez qu'il y avait d'excellens ou-
» vriers en ce temps-là. Il pensa de suite aux
» logis; il fit rebâtir le haut de la tour du ré-
» fectoir l'an 1391, qui était tombé depuis
» peu. Et depuis icelle tour il fit cette belle et
» cette forte muraille jusqu'à Belle-Chaise (2).
» De l'autre côté, il fit bâtir la tour quarrée,
» qui, de son côté, s'appelle *la Perrine* (3),
» dans laquelle, et dans le donjon qu'il fit aussy
» bastir, il y fit accommoder plusieurs cham-
» bres pour la demeure de *ses* soldats (car il

---

(1) Manusc. de Dom Huynes. V. L'ARTISTE : *Le Château*.

(2) Cependant le *Neustria Pia* dit qu'elles furent faites vers la fin du treizième siècle, par Guillaume Duchâteau : « *Construxit sedes in quibus chori sacra canuntur.* »

(3) Contiguë à Belle-Chaise.

» était aussy capitaine de ce Mont). Outre ces
» ouvrages, il est l'auteur de tout ce corps de
» logis qui est depuis la tour Perrine jusqu'au
» logis abbatial (1). Il en destina une partie
» pour la demeure des moynes malades, et
» l'autre pour le logis du baillif ou procureur
» du monastère. »

Enfin c'est à lui qu'il faut attribuer tous les bâtimens qui sont au midi de l'église, au-delà de l'ancien cimetière (*Voy*. ci-après Guillaume de Lamps), ainsi que les grandes portes intérieures du monastère (2).

Ces travaux immenses, dont je ne trouve le détail complet que dans le manuscrit de Dom Huynes, mais dont les autres manuscrits, et aussi le *Gallia christiana* et le *Neustria Pia* font une description plus ou moins étendue, ne sont pas les seuls titres de Pierre Leroy à la reconnaissance de ses religieux et de la postérité.

(1) La prison actuelle des détenus politiques.
(2) *Ann.* 1386, *hujus abbatiæ portæ sunt erecta, et pars*
» *tota urbi opposita, excepto loco qui vocatur Sancta Catha-*
» *rina.* » (V. ci-dessus, Geoffroy de Servon.)

Il professa et fit enseigner dans son monastère, le droit civil et le droit canon, l'histoire profane et sacrée, et la grammaire; il fixa des jours pour s'en occuper, et fit des élèves pour le continuer après sa mort. Dans le but de faciliter ces diverses études, il adopta une grande quantité de bons livres, dont il acheta ou fit faire des copies. « Et, afin que ses reli-
» gieux entremêlassent la religion aux études,
» dit encore Dom Huynes, il fit plusieurs bel-
» les institutions, qu'il fit garder exactement,
» de sorte que l'auteur de ses gestes, qui est
» en manuscrit dans les chartriers (1), rap-
» porte que, pour réformer l'ordre régulier en
» ce siècle malheureux, on eût tiré de chez
» lui des religieux. »

Le même auteur ajoute que Pierre Leroy se rendit lui-même sur toutes les dépendances de l'abbaye, vida sur les lieux tous les différends suscités ou possibles entre les voisins et autres parties intéressées, et de tout cela fit rédiger les actes dont il forma le livre qu'on

---

(1) Ce manuscrit ne nous est point parvenu.

appela ensuite *le Grand Livre de Pierre Leroy*, *ou le Papier Routier* (1). Enfin il fit écrire un recueil de tous les titres et parchemins du monastère depuis la fondation jusqu'à son temps, mit tous ces titres et papiers en bon ordre, et « *fit construire un lieu propre* pour les conser-
» ver, savoir : le chartrier, qui est un des
» plus beaux et artificieux qui se voient en
» France (2). »

Et il fit remarquer que son administration fut constamment ébranlée par les attaques des Anglais, dont il eut à se défendre, et qui lui occasionèrent des dépenses considérables.

Robert Jolivet, trente-unième abbé, avait d'abord continué dignement son prédécesseur; car c'est à lui que sont dus les remparts flanqués de tours et de bastions qui défendent l'entrée de la ville du sud-ouest au nord-est. Mais, s'étant retiré à Rouen, qui était alors au pou-

(1) Ce manuscrit, plus curieux qu'important, n'a pas été conservé jusqu'à nous.

(2) Le chartrier était à l'angle nord-ouest du cloître, dans le logement occupé encore il y a quelques années par l'aumônier de la prison.

voir des Anglais, ainsi que presque tout le reste de la Normandie, il se laissa séduire par les honneurs dont l'accabla le duc de Bedford, et tenta vainement d'entraîner ses religieux dans sa défection. Ceux-ci, fidèles au roi de France, nommèrent à leur abbé un substitut nommé Jean Gonnault, et soutinrent courageusement, en 1423, l'attaque vigoureuse et désespérée des Anglais (1).

Cependant la voûte du chœur, puis le chœur tout entier, s'étaient écroulés en 1421, et l'on ne pouvait songer à réparer cet édifice, car Robert Jolivet touchait les revenus de l'abbaye, grâce à l'occupation des Anglais.

Charles VII envoya une somme d'argent pour faire les reconstructions, et en même temps il fit accorder, par le pape, des indulgences pour engager les fidèles à aller en pélerinage au Mont-Saint-Michel, et à y porter des offrandes. Mais les sommes considérables

---

(1) D'où nous sont restées ces deux grosses pièces de canon qui figurent à la porte extérieure du Mont. (V. pl. III.) et ci-après : *Événemens militaires; Particul. historiques.*

données par les pélerins furent absorbées par les frais de défense contre les Anglais, qui continuèrent à harceler le mont jusqu'à l'époque de leur entière expulsion du royaume, vers 1444. On avait bien porté plainte au concile de Bâle contre Robert Jolivet, mais ni l'église ni le roi de France ne pouvaient rendre à l'abbaye la jouissance de ses revenus. Toutefois on avait nommé Jean Gonnault abbé à la place de Robert, et il eût continué à gouverner le monastère après la mort de son prédécesseur, si Louis Destouteville, alors capitaine du mont, n'avait intrigué auprès du roi et du pape, et fait donner l'abbaye à son frère, le cardinal Guillaume Destouteville, qui fut le premier abbé commendataire.

Celui-ci fit commencer la reconstruction du chœur et des chapelles, qui étaient en ruines depuis l'écroulement de 1421. Et il fit faire cet édifice, non pas tel qu'il était auparavant, mais, dit Dom Huynes, « avec tant d'artifice et » de magnificence que si l'ouvrage eût été con-» tinué et parachevé, l'église eût pu passer pour » une des plus belles de France pour la struc-

» ture, outre que sa situation la rend fort ad-
» mirable. » Mais cet abbé commandataire étant venu, pour la première et dernière fois, visiter son monastère en 1452, fit suspendre les travaux, commencés depuis six ans, et dont les dépenses lui semblaient exorbitantes. L'édifice demeura donc imparfait : les piliers du pourtour ne furent élevés que jusqu'à la hauteur des chapelles formant les bas-côtés; mais celles-ci furent terminées et même couvertes en plomb, ainsi que le dessus des piliers inachevés et les voûtes et piliers de dessus le grand autel.

Les lambris de la nef, dont une grande partie était complétement délabrée, furent aussi réparés sous cet abbé.

Guillaume Destouteville mourut à Rome en 1492, et telle était la richesse de ses bagues, joyaux, vases sacrés et ornemens, que les chanoines de Sainte-Marie-Majeure et les frères augustins s'arrachèrent ses dépouilles, et le firent enterrer dans un simple linceul, profanation inouïe à cette époque !

André Laure ou de Laure, son successeur,

trente-troisième abbé du Mont, fit vitrer toutes les chapelles de l'église avec de riches vitraux. L'une des fenêtres portait les armes de cet abbé ; l'autre, celles de Guillaume d'Estouteville ; sur une autre, il fit peindre la tradition sur la fondation de l'église par Saint-Aubert (1); et sur une quatrième, la cérémonie du sacre des rois de France, avec tous les costumes et ornemens.

L'édifice est resté ; mais les vitraux ont disparu depuis long-temps (2).

Ce fut Guillaume de Lamps, trente-quatrième abbé, qui continua la construction du chœur. Il en éleva les piliers intérieurs jusqu'aux secondes fenêtres ; acheva les piliers et galeries avec garde-fous qui sont en dehors, sur les chapelles ; fit détruire l'escalier étroit qui conduit du corps-de-garde à l'église, et en fit bâtir un plus grand, que nous voyons encore

---

(1) Je suis assez porté à penser que c'est sur le vitrail dont il est ici question qu'a été esquissé le dessin-frontispice de ce livre, que j'ai fait calquer dans le cartulaire manuscrit.

(2) Quelle perte que celle de tous ces vitraux! Il n'y a plus, que je sache, un seul vitrail colorié au Mont-Saint-Michel.

aujourd'hui. En outre, il fit établir, au haut de cet escalier, devant la porte de l'église, la plate-forme appelée le Saut-Gautier (1). C'est à lui aussi qu'est dû le corps de logis abbatial, entre l'église et la chapelle Sainte-Catherine (2), qu'il fit communiquer avec l'église, par un pont jeté au-dessus du grand escalier, à la hauteur du quatrième étage (3).

« De plus, dit Dom Huynes, il fit faire l'au-
» mosnerie et la grande cisterne qui est au-
» près, contenant plus de douze cents ton-

---

(1) Ce qui n'empêche pas les habitans du pays et les employés de la prison de raconter aux voyageurs qu'un certain Gauthier, détenu de la prison, s'évada deux fois en sautant de cette plate-forme sur le rocher, qui lui brisa la tête au troisième saut; d'où serait venu à la plate-forme du midi le nom de *Saut Gauthier*. Ce fait, répété par plusieurs auteurs, entre autres, M. l'abbé Manet, peut fort bien-être vrai; mais il faut alors la vieillir de deux cents ans au moins.

(2) Sur le terrain de l'ancien cimetière extérieur, l'hôtellerie avait été construite par Pierre le Roy. V. ci-dessus.

(3) C'est surtout dans le Manuscrit de Dom Huynes que j'ai puisé tous ces détails, à partir de Guillaume Destouteville. Le *Gallia Christiana* contient une grande partie des mêmes détails; mais le *Neustria Pia* n'en donne plus aucun, après Robert Jolivet.

» neaux (1); et auparavant, il n'y avait là
» qu'un cimetière où l'on enterrait les moynes.
» Il fit aussy parachever la cisterne de dessous
» le trésor, nommée du Cellier, proche la-
» quelle où était autrefois la chapelle Saint-
» Martin (2). Il fit faire le moulin à chevaux,
» qui est une pièce fort rare, pour sa façon et
» grandeur. Outre cela, il fit applanir ce
» grand jardin, qui est au milieu du rocher,
» vers le midi (3). Il fit bâtir, en même temps,
» le logis et la chapelle qui sont au bout du-
» dit jardin (4). »

Jean de Lamps est le dernier abbé régulier qu'ait eu l'abbaye du Mont-Saint-Michel. Il mourut en décembre 1523, et fut enterré dans

---

(1) Elle existe et sert encore ; mais je crois pouvoir assurer qu'elle ne contient pas plus de cent cinquante à deux cents tonneaux. Quant à l'aumônerie, elle occupait l'emplacement de l'ancien greffe de la prison, sur le saut Gauthier.

(2) De cette chapelle et du moulin à chevaux, il n'y a plus de traces

(3) Le jardin du directeur.

(4) Edifices dont il ne reste aujourd'hui que quelques voûtes et murailles.

la chapelle Notre-Dame, où sa statue, en ronde-bosse, se voyait encore au milieu du dix-septième siècle. Il était représenté à genoux (1).

Le grand autel, dont la place est aujourd'hui remplie par quatre planches et deux flambeaux, fut bâti par les religieux en 1547 : il coûta douze mille livres (2).

En 1694, la foudre tomba encore sur le clocher de l'église, dont, suivant Dom Huynes, *la pyramide était des plus hautes du royaume* (3). Elle fut totalement renversée et brûlée, et les cloches furent fondues; le rond-point du chœur, la couverture et les murailles furent endommagées sur plusieurs points.

Le temps n'était plus des vastes et colossales constructions : avec ses abbés réguliers, le monastère avait perdu ses richesses et ses gloires. Il fallut un arrêt du parlement pour

---

(1) Manuscrit de Dom Huynes; *Gall. Christ.*

(2) Manuscrit de Dom Huynes.

(3) Ce qui lui suppose environ cent pieds de plus en hauteur, ainsi qu'on le dit implicitement ailleurs.

obliger François de Joyeuse, abbé commandataire, à faire rebâtir les trois piliers de l'entrée de l'église, ainsi que le campanille, pour lequel il fit aussi fondre quatre cloches qui portent son nom.

Sous cet abbé, en 1506, suivant le manuscrit de Dom Huynes, en 1509, selon le *Gallia Christiana*, la foudre tomba encore sur le clocher, l'abattit, y fondit les cloches, brisa la couverture, et renversa la muraille de la chapelle de la Trinité. François de Joyeuse fit aussitôt les réparations, et ajouta, sous la muraille de la chapelle, un pilier ou jambe de force, sur lequel on voyait encore ses armes, il y a quarante ans (1).

Guillaume de Lamps fut enterré, en 1510, derrière la chapelle souterraine de Notre-Dame (2); et en 1515, Jean de Lamps lui fit élever dans cette chapelle, à gauche de l'au-

(1) La chapelle de la Trinité donne dans la cour des *doubles grilles* et aboutit au *pont* du logement abbatial. L'ancien trésor était dans cette chapelle, qui s'appelait aussi la chapelle du trésor. (*Voyage en France.*)

(2) V. pl. XI.

tel, un grand et magnifique tombeau, dont il ne reste plus aucune trace, non plus que de l'autel, remplacé, comme je l'ai dit, par deux énormes tonneaux qui reçoivent les eaux pluviales.

Jean de Lamps, trente-sixième abbé, fit achever tout le chœur, depuis le haut des premières fenêtres jusqu'au comble. Il apposa au chevet de la voûte les armes de France, celles de l'abbaye et les siennes. Il fit aussi garnir les fenêtres de très-beaux vitraux, « auxquels, dit Dom Huynes, il y eut beau- » coup de changemens pour les armes. » Cette phrase du manuscrit de Dom Huynes fait penser que les fenêtres étaient, dans le principe, autant de tableaux blasonnés.

Les derniers travaux dont parlent les manuscrits de l'abbaye et le *Gallia Christiana* furent exécutés en 1616, par ordre de M. le duc de Guise et de mademoiselle de Lorraine, son épouse, pour le compte de Henri de Lorraine, leur fils, abbé commandataire du Mont-Saint-Michel (1). Ils firent faire de nombreuses

(1) *Agé de six ans.* On voit que nous tombons dans ce sys-

réparations, et construire le gros pilier du four, qui ne coûta pas moins de quatorze mille livres (1).

Depuis cette époque, le monastère du Mont-Saint-Michel a perdu beaucoup de son importance : encore rongé, en 1776, par un incendie partiel, dont on n'a point réparé les ravages, il n'a plus été jusqu'en 1789 qu'un prieuré assez riche en propriétés (2), assez pauvre en hommes et en événemens curieux.

Peut-être ferons-nous quelque jour l'histoire des démolitions et des profanations,

---

tème des *bénéfices* qui accuse l'alliance offensive et défensive du spirituel et du temporel ; alliance funeste à l'un et à l'autre ; et qui achève de se briser aujourd'hui.

(1) Il m'a été impossible de reconnaître le pilier dont il s'agit ici.

(2) Il avait encore, en 1789, au moins quarante mille francs de rente, selon la *Géographie de Normandie*, t. 1er.

Il avait eu, d'après le *Voyage en France*, plus de *cent mille livres de revenu*, un siècle auparavant ; cela équivaut, pour notre époque, à *un million*.

comme nous faisons aujourd'hui celle des constructions et reconstructions : encore vingt-cinq ans pareilles aux cinquante dernières, dont les écroulemens successifs murmurent encore dans le lointain du passé, et il ne resterait plus sur notre sol un monument de notre histoire ; encore quelques années, telles que les trois dernières, et l'artiste, le poète, l'historien, deviendraient, non plus ainsi qu'autrefois les bouffons rudoyés ou les hôtes familiers des seigneurs, mais les esclaves ferrés ou les valets dorés des riches et des intrigans! Alors, il n'y aurait plus ni art, ni poésie possibles, si quelques hommes consciencieux ne se hâtaient de jeter leurs médailles et de semer de nouveaux germes sur une terre qu'on laboure impitoyablement, comme si le passé n'avait pas sa poésie, ses enseignemens ; comme s 'on avait hâte de tout oublier !

Événemens Militaires.

Le Mont-Saint-Michel devait naturellement attirer l'attention comme place de guerre par sa situation au milieu de grèves difficiles, où la mer monte deux fois en vingt-quatre heures, et puis encore par l'escarpement du rocher conique dont il est formé. Aussi, dès le milieu du onzième siècle, époque à laquelle on commença les grands bâtimens du Mont, nous voyons Henri Ier venir s'y retrancher, et y soutenir un siège de cinq ou six jours contre ses frères Guillaume-le-Roux, second fils et successeur de Guillaume-le-Conquérant, qui l'avait ainsi voulu, et Robert, dit *Courtes-Cuisses* son frère aîné, duc de Normandie, le même sous les ordres duquel Tancrède fit la première croisade.

Il paraît que Guillaume, convoitant le duché

de Normandie, fit, on ne sait sous quel prétexte, une querelle de Normand à Robert, et s'autorisa de leur brouille pour établir des intelligences dans le pays : il y débarqua à la tête d'une armée de quinze ou vingt mille hommes, avec laquelle il se fraya un passage à travers la Normandie, et exerça de grands ravages ; mais Philippe Ier, naturellement intéressé à la conservation du duché, intervint sur la demande de Robert, imposa sa médiation aux deux frères, et obligea même, par une des clauses du traité, Guillaume à fournir des troupes à son frère, contre Henri, qui occupait le diocèse de Coutances (1). Ce fut alors que celui-ci vint se réfugier au Mont - Saint - Michel, où les religieux furent bien forcés de le recevoir (2), et

---

(1) A juste titre sans contredit. Henri, dernier fils de Guillaume-le-Conquérant, n'avait reçu en héritage de son père que des sommes d'argent considérables ; or avec cet argent il avait acheté de son frère aîné toute la partie occidentale de la Basse-Normandie, à partir de Coutances, et y compris le Mont-Saint-Michel.

(2) Je dis *forcés*, car ils avaient alors pour abbé un certain Roger, ancien chapelain de Guillaume-le-Roux, qui lui avait

où il se défendit cinq ou six jours avec avantage (1) ; mais ses frères le réduisirent par la famine, et il finit par se rendre et se retirer auprès du roi de France.

Pendant l'absence de Robert, Guillaume étant venu à mourir, Henri, son frère puiné, s'empara du trône d'Angleterre, que Robert voulut d'abord lui disputer et qu'il fut obligé, pour se livrer à ses plaisirs ignobles, de lui abandonner définitivement.

En 1138, la populace d'Avranches fit une irruption dans la ville et y mit le feu (2).

En 1203, le Mont-Saint-Michel fut de nouveau assiégé comme place de guerre.

Le roi Philippe-Auguste, après avoir laissé, non sans dessein, la Normandie en proie aux

---

fait donner l'abbaye du Mont-Saint-Michel. Les historiens s'accordent à dire que Henri gouvernait bien, et était aimé de ses sujets.

(1) Il fit même, à la tête de ses troupes plusieurs sorties meurtrières, et Guillaume ne dut la vie qu'à la générosité d'un soldat, auquel il eut la présence d'esprit de crier : *Ne me tue, ainsque suis le roi d'Ingleterre!*

(2) V. *Archéol.*

guerres des seigneurs entre eux, s'épuiser en quelques années, et surtout pendant l'absence du duc Richard-Cœur-de-Lion, retenu captif en Espagne à son retour des croisades, n'eut pas de peine à s'en emparer, lorsque, après la mort de Richard, ce malheureux duc tomba entre les mains froides et inhabiles de Jean-sans-Terre, dernier fils de Henri II.

Les Bretons, ennemis naturels des Normands, lui rendirent encore cette entreprise plus facile en s'alliant avec lui, comme s'ils ne s'étaient pas mis à découvert eux-mêmes, en faisant réunir à la France une province aussi importante que la Normandie. Quoi qu'il en soit, ils entrèrent en Normandie sous le commandement de Guy de Thouars, leur duc, et vinrent, en 1203, assiéger le Mont-Saint-Michel. Ils avaient choisi (ou le hasard les servit bien pour cette expédition) le commencement de la morte-eau, de sorte qu'ils purent soutenir leurs attaques et pousser leurs travaux de siège sans être dérangés ni inquiétés par la mer. Cependant les Montois, qui n'avaient alors que des palissades pour fortifications, se défendirent vigoureusement ; mais les Bretons ayant enfin renversé les palissades, sommèrent vainement ceux de l'abbaye de se rendre. Alors, prévoyant les difficultés que leur offrirait le second siége, ils se bornèrent à mettre le feu aux maisons de la ville(1), après quoi ils se retirèrent (2).

J'ai dit, en citant cet incendie, que Philippe-Auguste en témoigna les plus vifs regrets, et envoya aux religieux des sommes considérables pour faire les reconstructions.

En 1417 et 1418, les Anglais s'étant de nouveau emparés de presque toute la Normandie, et n'ayant pas encore planté leur drapeau sur le Mont-Saint-Michel, que la sainteté du lieux leur avait d'abord fait épargner, voulurent en faire une place d'armes pour protéger au besoin leur retraite, et ils l'attaquèrent à deux ou trois reprises différentes, en détachant un corps de troupes du mont Tombelène, où ils avaient élevé des fortifications et bâti

---

(1) V. le résultat de cet incendie. *Archéol.*

(2) Manuscrit de Dom Huynes ; D. Lobinau ; Duplessis d'Argentré ; Masseville ; Dumoulin.

un château; mais les moines avaient eu le temps de se préparer; ils avaient d'ailleurs une garnison, sous les ordres *supérieurs* de leur abbé, et *directs* d'un capitaine, et cela depuis le règne de Philippe de Valois (1). Aussi les Anglais éprouvèrent-ils une résistance devant laquelle il leur fallut céder.

En 1423, ils revinrent avec une armée nombreuse et plusieurs grosses pièces de canon. En outre, ils firent garder l'entrée de la baie par une flottille assez forte, de manière à couper toutes les communications avec le Mont, qu'ils attaquèrent vigoureusement de tous côtés; mais, craignant une descente prochaine, Louis Destouteville, alors capitaine du Mont, avait renfermé sa petite garnison de cent dix-neuf ou cent vingt gentilshommes des environs, dont les noms nous ont été conservés (2).

---

(1) V. *Archéol.*

(2) On a long-temps conservé au Mont-Saint-Michel, dans la chapelle de la Trinité ou de Saint-Sauveur, les noms avec les armoiries de ces gentilshommes, et ce tableau a été refait et placé dans la chapelle actuelle, c'est-à-dire dans le chœur de l'église : il porte *cent dix-neuf noms*.

Les Anglais, obligés d'escalader à grand'peine les rochers abruptes du Mont, furent écrasés par les assiégés avec des quartiers de pierre ; puis on faisait sur eux des sorties meurtrières, au moment où la mer approchait, et ils furent obligés plusieurs fois de se retirer en désordre. Retranchés dans leurs bastilles d'Ardevon, ils avaient fini par se résoudre à prendre la place par famine ; mais un Malouin, le sieur de Beaufort, rassembla des hommes et quelques navires dans les ports de Saint-Malo et de Cancale, attaqua et défit la flottille anglaise, et vint jeter des hommes et des vivres dans le château du Mont-Saint-Michel. Alors les Anglais mirent le feu à leurs bastilles d'Ardevon, et, pour me servir de l'expression d'un manuscrit auquel j'ai puisé, *leur projet de conquête s'en alla en fumée avec ces bastilles* (1).

Il paraît que les Anglais abandonnèrent toute leur artillerie, consistant en sept ou huit pièces de canon. Il n'est resté jusqu'à nos

---

(1) V. le Manuscrit de Dom Huynes ; Masseville, Dumoulin, etc.

jours que deux de ces canons, dont l'un n'a pas encore vomi son boulet de pierre, de quinze pouces de diamètre. Les autres pièces ont été vendues (1).

Cependant les religieux et les habitans du Mont-Saint-Michel ne purent pendant bien long-temps jouir d'aucune tranquillité, car les Anglais entretenaient garnison à Tombelène, et n'abandonnèrent cette place qu'après avoir été expulsés de la Normandie, grâce à la victoire décisive de Formigny. Alors seulement le duc de Bretagne se joignit au roi de France, et vint reprendre Tombelène sur les Anglais (2).

Le Mont-Saint-Michel ne fut plus troublé par aucun événement militaire de quelque importance, jusqu'en 1776, époque à laquelle les religieux crurent devoir *se mettre en ligue*, eux et leurs vassaux, les habitans de la ville.

Comme on doit bien le penser, les conséquences de cette résolution furent très-graves,

---

(1) V. L'ARTISTE : *l'Ile et la Ville*.
(2) Manuscrit de Dom Huynes; Masseville, Lobineau, etc.

et le Mont-Saint-Michel fut, tant que durèrent les guerres de religion, un centre de collision pour les deux partis.

En 1577, le 22 juillet, un sieur Dutouchet, gentilhomme huguenot, fit entrer dans l'abbaye une trentaine de soldats, déguisés en pèlerins et munis de poignards et de pistolets bien cachés. Après avoir fait dire des messes, ils tuèrent tous les religieux ou soldats qu'ils purent surprendre, et restèrent maîtres du château; mais leur chef Dutouchet arriva lorsque la ville, qu'ils n'avaient pu occuper, vu leur petit nombre, était déjà au pouvoir de Louis de la Moricière, sieur de Viques, enseigne du maréchal de Matignon. Dans cette position, Dutouchet ne put même délivrer ses gens, qui ne tardèrent pas à se rendre (1).

De Viques, en récompense de son coup de main, fut nommé gouverneur du Mont à la place du sieur Baternay, par le roi Henri III.

En 1589, peu de temps après la mort de Henri III, les huguenots de Pontorson et des

(1) Manuscrit de Dom Huynes.

environs, ayant à leur tête le sieur de Lorges de Montgommery (1), pénétrèrent par ruse dans la ville du Mont-Saint-Michel, et y pillèrent et maltraitèrent tous les habitans pendant quatre jours ; mais le gouverneur de Viques, qui se trouvait absent, revint en toute hâte, entra secrètement dans la ville, et en délogea l'ennemi, qui prit la fuite en désordre (2).

Deux ans plus tard, en 1591, M. de Boissuzé, récemment nommé gouverneur, signala son entrée en fonctions par la défaite *fort agréable et plaisante* des huguenots. Conduits par les sieurs de Sourdeval et de Montgommery, et ayant gagné un soldat de la garnison, ils arrivèrent de nuit, et montèrent, un à un, par la coulisse des *poulains* (3). Il y en avait un très-grand nombre de *hissés*, et Montgommery, qui croyait, au bruit qu'on faisait dans l'intérieur, ses soldats occupés à massacrer les

(1) Fils de celui dont j'ai parlé plus haut.
(2) Manuscrit de Dom Huynes.
(3) On appelait ainsi une roue qui servait à monter les provisions ; elle était alors au nord de l'abbaye, vis-à-vis la fontaine Saint-Aubert.

religieux, et venait de voir tomber à ses pieds un cadavre sans tête vêtu d'une robe de moine, allait monter à son tour, lorsqu'il vit qu'il était trahi, et prit la fuite au plus vite.

Les huguenots revinrent, toujours de nuit, l'année suivante, mais ils furent encore découverts, et firent retraite.

En 1594, ils vinrent de nouveau, conduits par un certain capitaine de Courtils. Après avoir fait brèche, au moyen d'une mine, ils voulurent entrer dans la ville ; mais ils furent repoussés, et laissèrent quinze des leurs sur la place : le capitaine eut les jambes cassées par un coup d'arquebuse à croc.

Cependant le sieur de Boissuzé, ancien gouverneur, destitué par le duc de Mercœur, chef de la ligue en Bretagne, s'était rallié aux religionnaires pour se venger, et, en 1595, il s'empara de la ville du Mont-Saint-Michel, y mit tout à feu et à sang, et chercha vainement à pénétrer dans le château, d'où il fut repoussé vivement. Il se retira, laissant bon nombre des siens tués ou hors de combat.

Le dernier événement militaire notable dont

le Mont-Saint-Michel fut le théâtre arriva au mois de mai 1596. Le duc de Mercœur avait nommé le sieur de Guéroland gouverneur du Mont, de préférence au marquis de Belisle, qui avait sollicité ce gouvernement pour exiger de Henri IV le bâton de maréchal en lui rendant une place importante. Voyant qu'il n'avait pu l'obtenir, il résolut de s'en emparer par ruse, et s'étant rendu, en sa qualité de gouverneur de la Basse-Normandie, au Mont-Saint-Michel, avec cent *maîtres* dévoués et intrépides, il pénétra d'abord dans le château, sous prétexte de faire ses dévotions, feignit de s'offenser de ce qu'on refusait l'entrée, avec leurs armes, à tous ses gens, excepté six, et, à l'occasion de cette adroite querelle, voulut se rendre maître de la place; mais il fut repoussé après une mêlée assez sanglante.

Le Mont-Saint-Michel tint pour la ligue jusqu'à ce que le duc de Mercœur eût fait sa paix avec Henri IV. Alors seulement, en 1598, il rendit la place au roi.

Particularités historiques et archéologiques. — Pèlerins illustres.

Comme le Mont-Saint-Michel était dans le principe, et a été encore jusqu'au milieu du dix-huitième siècle, visité par un grand nombre de pèlerins de toutes classes et de toutes nations, les religieux, qui se faisaient un devoir d'accueillir et même d'héberger, dans l'hôtellerie du couvent, tous ces pèlerins indistinctement, sollicitèrent et obtinrent du roi l'autorisation de faire déposer, à tout visiteur, les armes qu'il porte, *même son petit poignard*(1), avant de le laisser entrer au Mont-Saint-Michel. Il ne faut pas s'étonner de voir que la sanction royale ait été nécessaire pour faire exécuter ce réglement, si évidemment juste

(1) *Ut nemo cum armis, ne cultello quidem, castellum ingrederetur.* (Gall. Christ.)

et raisonnable pourtant. C'est que, sans cette sanction, un gentilhomme se fût trouvé offensé d'être désarmé, même par des religieux, et pour faire ses dévotions. Que si l'ordonnance s'étend jusque sur le petit poignard, c'est que le pommeau de cette arme portait, dès ce temps-là, le sceau du gentilhomme auquel il appartenait, de façon que c'était une sorte de *vade mecum* indispensable (1).

Mais cette défense, qui ne concernait que l'abbaye-forteresse (*castellum*), fut étendue ensuite à la ville, quand on commença les premières fortifications, et elle fut rigoureusement exécutée à la porte extérieure, telle que la fit l'abbé Jolivet, avec les remparts et fortifications, au commencement du quinzième siècle. La première entrée se fermait alors au moyen d'une herse de fer à solives de bois suspendue horizontalement, et qu'on faisait tomber verticalement à volonté pour fermer le passage. C'est par erreur qu'on a prétendu que les bras de cette porte-herse

---

(1) Cette coutume fut adoptée d'abord par les croisés.

(qu'on voyait encore il y a peu de temps, ainsi que les aiguilles gothiques) (1) avaient servi pour un pont-levis : il suffit de connaître cette grève pour savoir que des fossés n'y sont pas praticables au pied des murailles, attendu qu'ils seraient comblés en deux jours par la mer. D'ailleurs, les sables étant venus à s'abaisser sous la porte, il y a une quinzaine d'années, ont laissé à découvert une chaussée en pierre fort ancienne, qui exclut toute idée de fossés et de pont-levis.

La défense d'entrer, même dans la ville, avec une arme quelconque, était encore de rigueur il y a quelques années. Aujourd'hui, on ne fait déposer les armes et les cannes ou bâtons qu'à l'entrée du château. En revanche, on ne laisse plus pénétrer, même dans la ville, sans un passeport en règle.

Les bénédictins du Mont-Saint-Michel s'étant relâchés d'une manière scandaleuse, madame de Guise, mère de leur abbé commendataire, parvint à faire épurer ce monastère

(1) V. planche II.

en 1622; et depuis cette époque, il a été desservi par les bénédictins de la congrégation de Saint-Maur.

Ce ne fut qu'au commencement du quatorzième siècle que l'abbaye du Mont-Saint-Michel eut une garnison militaire. Philippe de Valois y envoie une compagnie (1) à ses frais et sous les ordres *supérieurs* de l'abbé (2). En 1562, les religieux du Mont-Saint-Michel renoncèrent, pour leurs abbés, à ce droit de *capitainerie*.

Dans le principe, et jusqu'en 1792, les galeries du cloître étaient percées, au nord, au couchant et au midi, de fenêtres en ogives avec vitraux coloriés, représentant des portraits, les uns en pied, les autres en buste, de saints ou de religieux célèbres. Il y en avait une, entre autres, derrière la statue de saint François d'As-

---

(1) « *Hoc anno* 1314, *præsidiarii milites, regis authoritate* » in Monte sancti Michaelis collocati sunt, quorum administra- » tor. extitit ipse Joannes abbas. » (*Neustria pia*). Le *Gallia Christiana* ajoute que le roi envoya cette garnison à ses frais (*sumptibus suis*).

sises qui représentait ce saint sur son lit de mort, au milieu de tous ses religieux (1). Ce délicieux monument gothique est donc aujourd'hui tout à fait incomplet ; mais le poète et l'artiste suppléent aisément par la pensée ces ogives à vitraux historiés, et nous serions heureux encore de voir conserver les galeries telles qu'elles sont.

Je lis dans *le Conservateur* de janvier 1758 que la mer monte jusqu'à *quatre-vingts pieds* dans les grèves du Mont-Saint-Michel. On a vu que j'estime à vingt pieds sa plus grande hauteur, dans les marées d'équinoxe : j'ajouterai seulement qu'à Saint-Malo, c'est-à-dire sur une côte où elle marne plus qu'en aucun autre endroit du monde, elle ne monte pas de plus de quinze mètres (45 pieds).

M. Blondel parle d'un petit bâtiment qui se serait englouti et aurait disparu, de mer basse, dans la grève du Mont-Saint-Michel ; il ajoute qu'un cône en granit, attaché à un câble de quarante pieds, s'enfonça et disparut complé-

(1) Voy. *Archéol.* et *le Conservateur* de 1758. — C'est ce tableau-vitrail qu'on a confondu avec la statue.

tement dans les grèves, en vingt-quatre heures. Ces faits sont controuvés et sans aucun fondement. Tous les renseignemens que j'ai pu recueillir à cet égard sont unanimes.

L'abbaye du Mont-Saint-Michel a servi, ainsi que beaucoup d'autres monastères, à différentes époques, de lieu de retraite à des prisonniers d'état. On assure que l'ancienne *cage de fer*, s'il est vrai qu'il en ait existé une au Mont-Saint-Michel, fut habitée, dans l'origine, par le cardinal de La Balhue, avant que Louis XI le fît transporter à Vincennes, puis à la Bastille; mais cela n'est pas bien constant.

François Ier fit aussi enfermer au Mont-Saint-Michel, où il mourut, Noël Béda, syndic de la faculté de Sorbonne, lequel avait amèrement critiqué la conduite du roi.

Entre autres prisonniers qu'on y enferma plus tard, je citerai le malheureux Dubourg, gazetier de Francfort, qui, s'étant permis d'outrager Louis XIV, fut saisi par surprise et mis dans la cage de bois, où il mourut de la mort la plus lentement atroce qu'on puisse imaginer. Il paraît que l'effet du froid et de l'humidité avait paralysé tous ses membres, sans altérer leur sensibilité, et que les rats venaient ronger ses pieds infiltrés, sans qu'il pût se défendre d'aucune manière. Il s'était amusé, pendant les premières années de sa réclusion, à sculpter, à l'aide d'un clou, les larges barreaux de sa cage, et les curieux s'arrêtaient froidement à admirer ce travail !

On y renferma, sous Louis XV, un rimeur qui avait fait imprimer des vers contre madame de Pompadour : il fut libéré par Louis XVI.

En 1792, on y envoya, comme prisonniers d'état, trois cents prêtres non assermentés, que leur âge où leurs infirmités exemptaient de la déportation.

En 1811, l'Empereur y fit établir une maison de réclusion, convertie en *maison centrale de détention* en 1818.

Lecarpentier, membre de la Convention nationale, y a traîné, dans un abattement profond, dans un état complet d'atonie physique et morale, les dernières années de sa vie.

Le fameux Mathurin Bruno, qui se prétendait et se croyait fortement Louis XVII, y est mort aussi, il y a une dizaine d'années. Sa raison paraissait altérée depuis fort longtemps.

On conserve à la pharmacie de la maison centrale le crâne de ces deux prisonniers. Celui de Lecarpentier n'accuse aucune qualité supérieure, aucun vice éminent; mais on y remarque l'absence complète, et bien marquée par une dépression, de la bosse de la *propriété* ou de l'*acquisivité*; et ceux qui connaissent la vie de cet homme, quelquefois méchant par faiblesse, savent qu'il fut constamment assez pauvre et très-désintéressé.

Le crâne de Mathurin Bruno est celui d'un homme saillant, mais prédisposé à la folie : la partie supérieure de ce crâne est extraordinairement développée; les traits dominans de son caractère étaient la *persévérance*, et la *force de croyances et de volonté*. Le front est renversé : de la *poésie*, mais point d'*observation*, point de *métaphysique*. On remarque, près du frontal, un amincissement de l'os tel qu'on reconnaîtrait au travers la couleur d'un objet.

Depuis sa fondation jusqu'en 1792, le Mont-Saint-Michel a été le rendez-vous des pélerins de toutes les nations. Après les croisades commencèrent les pélerinages par troupes avec leurs bannières, leurs trompettes, leurs hérauts d'armes, leurs généraux et leurs capitaines ; mais c'était surtout de l'Allemagne, de l'Italie et de la France que venaient ces troupes de pélerins, où figuraient souvent des familles entières, depuis l'enfant à la mamelle jusqu'au vieillard octogénaire. Cette coutume s'est conservée jusqu'à la fin du dix-septième siècle, et n'était pas complétement abandonnée en 1792.

A cette époque, les Montois faisaient encore passer les pélerins par une épreuve singulière et plaisante en elle-même, mais qui amenait souvent des querelles sanglantes. Lorsque ceux-ci s'en retournaient, chamarrés de médailles (1), de coquilles, d'images, d'écharpes,

(1) « Les pélerins que j'y vis, dit le Tristan de M. de Mar-
» changy, ont conservé l'habitude de rapporter de petites co-

et leur roi avec une couronne de cuivre ou de plomb doré, tous objets débités par les Montois, ceux-ci les forçaient à *saillir le mont*, à la porte de la ville ou à payer une dispense (1). Or, saillir le mont, c'était sauter, les mains derrière la tête, par-dessus un bâton tenu à une hauteur raisonnable pour ceux qui demandaient à saillir le grand mont, et à une hauteur absurde pour les pélerins qui demandaient à saillir le petit mont. Je ne pense pas que les femmes aient jamais été soumises à cette épreuve.

» quilles d'argent qu'ils suspendent autour de leurs collerettes
» par un ruban rouge, symbole des feux du désir. On prétend
» même que ces pélerins sont de nouveaux mariés, qui se fe-
» raient scrupule d'habiter avec leurs femmes avant d'avoir fait ce
» voyage; souvenir altéré des âges druidiques, où l'on ne re-
» cevait en ce lieu que ceux dont l'heureuse ignorance appor-
» tait en tribut les prémices de l'amour... Je vis dans les mains
» des pêcheurs quelques pièces de monnaie à l'effigie de saint
» Michel. La vénération des ducs et barons de Normandie est
» si grande pour cet archange, qu'ils ont frappé des médailles
» et des pièces de monnaie en son honneur... »

(1) On voit que cette cérémonie ressemble assez à celle du *père la Ligne*, à bord des navires qui passent les tropiques.

Les pélerins s'en allaient ordinairement en chantant jusqu'à la porte de la ville, et devaient observer le plus profond silence jusqu'à ce qu'ils eussent atteint la côte.

Charles VI, lors de son pélerinage, en 1393 (1), dispensa les Montois de payer une taxe sur les coques.

Les religieux du Mont-Saint-Michel avaient seuls le privilége, en vertu d'une chartre octroyée par Philippe-le-Bel, de pêcher les *poissons royaux* dans toute la baronie de Genest (*Ingena*) (2), c'est-à-dire dans la baie du Mont-Saint-Michel proprement dite. Il paraît qu'à cette époque on y voyait plus de poissons royaux qu'aujourd'hui.

S'il fallait en croire M. de Marchangy, nous dirions que, du temps de son Tristan (au xiv° siècle), la mer ne montait qu'une fois

---

(1) V. ci-après.

(2) Je ne puis admettre, avec Dom Huynes et plusieurs antiquaires et historiens, que ce nom d'*Ingena* ait jamais été celui d'Avranches, qui s'est appellée successivement *Abranchiis* et *Abrincatis*.

en un jour dans la baie. A cette époque, d'après la même autorité, les pélerins ne manquaient pas d'aller boire de l'eau de la fontaine Saint-Aubert (V. *Archéolog.*) : si cette eau était aussi mauvaise qu'aujourd'hui, elle devait produire plus de maladies que de guérisons. Quoi qu'il en soit du récit de Tristan, d'ailleurs plein de couleur et de poésie locale, les quelques pélerins qui viennent encore au Mont-Saint-Michel se dispensent de boire de l'eau de Saint-Aubert, qui leur ferait, après tout, beaucoup moins de mal que le cidre dont ils se gorgent presque tous, car leurs pélerinages sont bien plutôt des parties de plaisir que de pieuses cérémonies.

Il paraît qu'au commencement du dix-huitième siècle le Mont-Saint-Michel attirait déjà beaucoup moins de pélerins illustres : du moins, l'auteur du *Voyage en France*(1) dit : « le Mont-Saint-Michel est un des plus fa-
» meux pélerinages de la France, *particuliè-*

(1) En 1734.

» *rement pour les jeunes gens de basse nais-*
» *sance, qui y vont par troupes en été.* »

Voici maintenant des détails circonstanciés sur les plus fameux pélerinages dont parlent les historiens et les chroniques manuscrites du Mont-Saint-Michel.

Childebert II est le premier roi de France qui soit venu en pélerinage au Mont-Saint-Michel.

Les moines y reçurent aussi Edouard-le-Confesseur, roi d'Angleterre, petit-fils de Richard Ier, duc de Normandie.

En 1019, Richard II, duc de Normandie, vint au Mont-Saint-Michel, et y fit célébrer avec pompe les cérémonies religieuses et profanes de son mariage avec Judith, princesse de Bretagne, en présence de toute la noblesse des deux provinces, et de plusieurs seigneurs étrangers.

En 1030, Alain III, duc de Bretagne, y vint en pélerinage, accompagné de l'évêque de Dol et de plusieurs barons.

L'année suivante, il y donna rendez-vous

à Robert de Normandie, et ils s'y abouchèrent pour traiter d'affaires.

Les religieux y reçurent, dans le courant de cette même année, Hugues, comte de Maine; Rodolphe, comte du Mans, et plusieurs autres seigneurs.

Vers 1102, Robert Courtes-Cuisses alla, à son retour de la Palestine, faire ses dévotions au Mont-Saint-Michel avec Sybille, sa femme.

En 1108, les religieux y virent les fils de Guillaume-le-Conquérant, à savoir: Robert, duc de Normandie et Henri, roi d'Angleterre. Ce dernier retourna, la même année, au Mont-Saint-Michel faire sa paix avec le roi de France Louis-le-Pieux, et ils y furent reçus avec pompe par un archevêque (saint Thomas de Cantorbery), un évêque, cinq abbés, et tous les moines de l'abbaye. Les monarques étaient accompagnés de Roland, chancelier et cardinal, depuis Alexandre III, et de l'anti-pape Victor III.

A peu près vers la même époque, Hugues, archevêque de Tours, y alla en pélerinage avec Victor, évêque d'Evreux; Richard, évêque de Coutances, et Robert, évêque d'Avranches. Ils y passèrent quatre jours, et l'archevêque consacra la chapelle souterraine de Notre-Dame ou *des trente cierges* (1).

En 1312, Philippe-le-Bel fut en pélerinage au Mont-Saint-Michel, et il fit don à l'abbaye de deux épines de la sainte couronne, et d'un morceau de la sainte croix.

A la même époque, madame Tiphaine Raguenel, fille du vicomte de la Bellière, et femme de Bertrand Duguesclin, se retira au Mont-Saint-Michel, lorsque son maître et seigneur alla guerroyer en Espagne. Il lui fit construire, tout exprès, *un beau logis dans le haut de la ville* (2); logis dont on voyait encore quelques murailles à l'époque où écrivait Dom Huynes (vers le milieu du xviie siècle). Duguesclin avait laissé sous sa garde cent mille florins, dont elle fit un usage bien digne de

---

(1) V. planche IX. V. *l'Antiq.*, Archéol.

(2) C'est sans doute la maison où l'on établit plus tard un couvent de femmes, après l'avoir reconstruite : elle est de nouveau tombée en ruines depuis long-temps ; mais on en voit très-bien l'emplacement, dessiné par quelques murailles et arceaux couverts de lierre, au-dessous de l'entrée du château.

lui : elle les distribua généreusement à tous les soldats et capitaines qui la venaient visiter dans sa retraite, et les décida presque tous à l'aller rejoindre en Espagne.

Il paraît qu'un des motifs qui avaient fait choisir un pareil séjour à cette femme vraiment extraordinaire était son amour pour les sciences, et surtout pour l'astrologie judiciaire, dont elle s'est occupée toute sa vie. « Cependant, » dit Dom Huynes, cette dame, bien éduquée » en la philosophie et astronomie judiciaire, » s'exerçait continuellement sur ce roc à la » contemplation des astres et ès calculs, à » dresser des expériences, etc. »

Il paraît même qu'elle resta au Mont-Saint-Michel jusqu'à un âge très-avancé, et qu'elle s'en absentait rarement. En 1374, elle y était encore, et ce ne fut que vers la fin de cette année qu'elle s'en alla mourir d'un asthme dans un de ses châteaux de Bretagne.

Il doit exister encore des manuscrits de Tiphaine Raguenel. Je me souviens d'avoir entendu parler, dans mon enfance, d'un petit cahier en vélin d'une centaine de pages, avec figures cabalistiques et vignettes coloriées, lequel était précieusement conservé par un curé de Pludihen (1) ou des environs. J'ignore ce qu'il est devenu, et je n'ai pu retrouver la trace que m'en a laissée ma mémoire d'enfant. Cependant j'ai toujours aimé les antiquités, surtout lorsqu'elles se rattachaient à quelque histoire ou tradition merveilleuse, mais c'était aussi alors un amour d'enfant.

En 1329, Louis, duc de Bourbon, alla en dévotion au Mont-Saint-Michel, et fit présent à l'abbaye de trois grands candélabres en vermeil.

Charles VI s'y rendit en 1393, autant pour voir le célèbre abbé Pierre Leroi (2) que par dévotion.

En 1417, Marie, sœur de Charles VII, y alla aussi en dévotions, et porta des présens au monastère de la part du roi.

Charles VII en fit lui-même le pélerinage vers la fin de l'année 1422, pour offrir à

(1) Entre Dinan et Château-Neuf.
(2) V. *Archéol.*

l'abbaye une pierre qui lui était tombée sur la tête sans le blesser aucunement, lors de son passage à la Rochelle; et cela, pensait-il, grâce à la haute et signalée protection de saint Michel, pour lequel il avait une dévotion toute particulière.

En 1469, le roi Louis XI, héritier de cette dévotion au Mont, car il avait déjà été au Mont en 1462, se trouvant à Avranches, où il s'était rendu pour repousser les Bretons, qu'il avait forcés de se retirer, alla en grande pompe au Mont-Saint-Michel, faire ses dévotions en actions de grâce de sa victoire. Et non-seulement il fit réparer à ses frais les fortifications de la place, mais il y laissa une garnison plus forte, et fit au monastère une offrande de six cents écus d'or.

Ce fut à son retour de ce pélerinage qu'il institua, en son château d'Amboise, le 1ᵉʳ août 1469, l'ordre de Saint-Michel, dont il créa tout d'abord quinze chevaliers (1).

(1) Le père Hélyot nous a conservé les noms de ces quinze premiers chevaliers de Saint-Michel; ce sont : CHARLES DE

Chaque chevalier reçut des mains du roi un collier d'or orné de coquilles d'argent, et portant une médaille en or à l'effigie de saint Michel terrassant le démon, et avec cette devise : *Immensi tremor Oceani* (1).

France, duc de Guyenne, frère du roi; Louis de Luxembourg, comte de Saint-Pol, connétable de France, gouverneur de Normandie; Jean, duc de Bourgogne et d'Auvergne; Jean, comte de Sancerre; André de Laval, maréchal de France; Louis Destouteville, seigneur de Torcy; Jean de Beaumont, seigneur de la Forêt et du Plessis; Louis, batard de Bourbon, amiral de France; Georges de la Tremouille, seigneur de Craon; Charles, sire de Crussol, sénéchal de Poitou; Jean, batard d'Armagnac, comte de Comminges, maréchal de France; Tanneguy Duchatel, gouverneur du Roussillon; et Gilbert de Chabannes, sénéchal de Guyenne.

Les statuts de l'ordre étaient divisés en soixante-cinq chapitres. Le premier fixait à trente-six le nombre des chevaliers, dont le roi était le chef. A moins qu'ils ne fussent empereurs; rois ou ducs, ils étaient tenus de renoucer à tout autre ordre en entrant dans celui de Saint-Michel. Ils devaient porter toujours le collier.

(1) On a soulevé la question de savoir si cette devise était un hommage rendu au lieu choisi par saint Michel pour manifester les effets de sa puissance auprès de Dieu, ou bien si le roi avait voulu faire allusion à la défense de 1423. Il est probable que la devise est l'expression de l'une et de l'autre pensée, d'autant

Le collier de Saint-Michel n'a été donné, pendant un certain temps, qu'à de hautes célébrités militaires ou à des princes ; mais il devint par la suite la récompense de tous les genres de mérite, y compris la prostitution, dans toutes les acceptions de ce mot : Catherine de Médicis s'en servait comme on se sert aujourd'hui de la croix-d'honneur, et souvent pour nouer et dénouer des intrigues encore bien plus mesquinement infâmes. Lorsque Henri III créa l'ordre du Saint-Esprit, il lui donna la préséance sur celui de Saint-Michel. Les candidats étaient faits chevaliers de Saint-Michel la veille du jour où ils devaient entrer dans l'ordre du Saint-Esprit, et prendre le titre de *chevaliers des ordres du roi*. Cependant les femmes avaient fait obtenir le cordon de Saint-Michel seulement à si grand nombre

---

plus que Louis XI pouvait bien attribuer la victoire de 1423 à la protection de saint Michel.

M. Laroque prétend, sans fondement, que ce fut Louis XIV qui ajouta sur le médaillon la devise : *Immensi tremor Oceani* C'était depuis des siècles celle du Mont, et Louis XI ne l'oublia pas.

de courtisans, que Louis XIV, pour remédier à cet abus, cassa en 1665 tous ces chevaliers de Saint-Michel excepté cent, auxquels il conféra le titre de chevaliers des ordres du roi après qu'ils eurent fait preuve de leur services et de leurs noblesses (1).

Le chapitre, ou assemblée générale des chevaliers, se tenait tous les ans dans la salle des chevaliers, le 29 septembre, jour où l'on célèbre la fête de saint Michel. Il y avait d'autres assemblées moins solennelles dans le courant de l'année.

Louis XI revint au Mont-Saint-Michel en

---

(1) Louis XIV, comme tous les véritables rois, connaissait merveilleusement le côté faible des hommes, et savait qu'on les attache plus encore par des honneurs que par de l'argent, une fois qu'ils ont l'ambition en tête. Ayant fait mander un jour je ne sais plus quel personnage de distinction, il se découvrit en le voyant paraître, et, se levant à son approche :

« En récompense des services que vous avez rendus à l'état, lui dit-il, je vous accorde une pension de *six mille livres*.

— Sire, répondit humblement le pensionné, j'aimerais mieux la croix de Saint-Louis.

— Je le crois bien, Monsieur, répondit le roi. »

Or on sait ce que valaient alors six mille livres de rente !

1470, pour remercier Dieu de la naissance du dauphin. Il avait voulu aussi se rencontrer, sans paraître le désirer, avec le duc de Bretagne, qu'il tenait à se ménager, et celui-ci vint le trouver au Mont-Saint-Michel, où le roi, qui était arrivé avec un cortége brillant et accompagné de ses nouveaux chevaliers, lui donna le collier de son ordre dans la première assemblée du chapitre, qu'il présida lui-même.

Entre autres présens qu'il fit à l'abbaye, Louis XI lui envoya de Paris, à cette occasion, un médaillon de Saint-Michel en or, suspendu à une chaîne d'or, lequel ne l'avait jamais quitté, dit-il.

Ce fut lui aussi qui fit ajouter trois coquilles aux quatre que portait l'écusson abbatial, et y ajouta le chef de roi. En sorte que depuis cette époque l'abbaye du Mont-Saint-Michel porte *de sable à sept coquilles d'argent, au chef d'azur à trois fleurs de lis d'or* (1).

En 1528 et en 1532, François Ier alla en péle-

---

(1) Nous l'avons fait reproduire fidèlement dans la lettre initiale de ce livre. L'écusson qu'on voit encore dans l'église, au chevet de l'absyde, porte dix coquilles.

rin, où plutôt en curieux au Mont-Saint-Michel. A sa seconde visite, il était accompagné du dauphin et d'Antoine Duprat, légat du saint-siége.

Charles IX et son frère Henri s'y rendirent aussi en pélerinage en 1561, et ce fut Henri II qui y envoya le célèbre historien de Thou, en 1586.

En 1636, Henri de Bourbon, prince de Condé, y alla en dévotion.

Henri de Sourdis, archevêque de Bordeaux, fit ce pélerinage en 1636; mais, chose étrange de la part d'un évêque! arrivé à la porte, il aima mieux retourner sur ses pas que de se laisser désarmer.

Enfin le duc de Mazarin, grand-maître de l'artillerie de France, y vint accomplir un vœu, et il se confessa et communia dans l'hôtellerie, où il fut reçu avec une pompe extraordinaire.

Je ne crois pas que Louis XIV, Louis XV, Louis XVI et Louis XVIII, aient jamais visité le Mont-Saint-Michel, même par curiosité.

Charles X, alors comte d'Artois, et Louis-Philippe, alors duc de Chartres, ont fait ce curieux voyage. Le duc de Chartres était accompagné de madame la comtesse de Genlis, femme d'esprit et d'érudition, dont on estime aujourd'hui trop peu les ouvrages, comme pour se venger de les avoir vu élever trop haut. Toutefois avec le savoir, et presque la raison d'un homme, madame de Genlis avait toute la coquette vanité d'une femme, et ses écrits s'en ressentaient beaucoup trop souvent. C'est à cette vanité qu'il faut attribuer les niaiseries souvent ridicules qu'elle a racontées ou laissé raconter dans ses mémoires, fort curieux d'ailleurs. Ce qu'elle dit du Mont-Saint-Michel n'est ni complet, ni exact, ni adroitement présenté.

Manuscrits.

Comme si ce n'eût pas été assez déjà que la foudre eût consumé, que des écroulemens eussent enseveli une partie notable des manuscrits du Mont-Saint-Michel, il fallait encore que le vandalisme des premiers républicains et des impériaux vînt détruire, fouler aux pieds ou jeter au vent, ce qui restait de cette collection, si riche encore au témoignage des voyageurs (1).

Lorsque l'Empereur établit à Avranches

---

(1) « En haut, dit l'auteur du *Voyage en France en* 1734, sont les dortoirs, l'infirmerie, *et une bibliothèque bien fournie dont la voûte est ornée de peintures.* » Cette bibliothèque occupait une pièce au deuxième dans la partie orientale de la merveille : on a coupé cette salle dans sa hauteur pour faire un grenier, que je n'ai pu visiter, et en sont sans doute les *voûtes ornées de peintures.*

une école centrale de département, on fit apporter à la bibliothèque ceux des manuscrits du Mont-Saint-Michel qui n'avaient pas encore été vendus ou pillés; mais un seul des professeurs s'occupa de ces manuscrits, et ce fut pour en vendre le parchemin à la livre!

C'est aux soins de MM. Saint-Victor et Motet, bibliothécaires, l'un depuis 1815, l'autre depuis 1821, que nous devons la conservation et le classement de ceux de ces manuscrits, au nombre de *deux cents*, qui n'ont pas été *vendus à la livre* ou dispersés dans les familles, *comme livres d'images* pour les enfans.

M. de Saint-Victor avait d'abord parcouru, mis en ordre tous ces manuscrits, et les avait compris dans le catalogue général de la bibliothèque. Postérieurement (en 1820 ou 1821), il en fit un catalogue particulier et selon l'ordre des matières, catalogue que je regarde comme le complément indispensable de l'histoire du Mont-Saint-Michel, et que je place à la fin de ce livre.

Cependant M. de Gerville, dans ses *Recherches sur les Antiquités du département de la Manche*, s'arroge l'honneur d'avoir découvert, et, avec M. le Prévost, exhumé des décombres et de la poussière, dans le grenier de la bibliothèque, tous les manuscrits du Mont-Saint-Michel, notamment le grand Cartulaire, qui, mis d'abord dans les rayons, aurait été rejeté, selon lui, au rebut, sous le nouveau bibliothécaire.

« ... La bibliothèque, dit-il, avait éprouvé de
» grands changemens ; l'ancien conservateur
» (M. de Saint-Victor) n'y était plus, et le ma-
» nuscrit que nous cherchions (le grand Car-
» tulaire) avait disparu. Après d'inutiles per-
» quisitions, nous étions prêts à nous retirer,
» lorsque *le hasard me conduisit dans un gre-*
» *nier placé au-dessus de la bibliothèque, et*
» *où j'aperçus un tas de sales et poudreux in-*
» *folios jetés à l'aventure.* Les premiers que
» j'ouvris étaient d'anciens manuscrits sur vé-
» lin, d'une écriture soignée, et passablement
» conservée ; quelques-uns avaient des ini-
» tiales dorées ou enluminées. Dans quelques
» autres, cette dorure avait excité la cupidité
» des enfans et des oisifs ; elle avait été coupée

» avec des ciseaux. L'écriture ordinaire n'avait
» tenté personne, et n'avait essuyé d'autres
» injures que celles du temps.

» *Nous passâmes plusieurs heures à les appa-*
» *reiller et à en faire l'inventaire.* Nous y re-
» trouvâmes le précieux Cartulaire dont nous
» déplorions la perte.

» Le désir de revoir ces manuscrits me ra-
» mena une troisième fois à Avranches, il y a
» deux ans (1826). On n'en avait pas fait le ca-
» talogue, comme je l'avais espéré ; mais au
» moins on leur avait donné une place con-
» venable parmi les livres de la bibliothèque. »

J'ai peine à m'expliquer cette prétention de
M. de Gerville, que contredit formellement,
il faut bien le dire pour que justice soit
faite, le préambule du grand catalogue, *im-
primé avant les découvertes dont il s'agit ,*
préambule dans lequel M. de Saint-Victor
donne l'exposé sommaire de ses recherches et
classemens, lequel comprend les deux cents
manuscrits.

Je dois ajouter que plusieurs habitans d'A-
vranches, que j'ai choisis parmi les personnes

les plus compétentes, m'ont affirmé que les manuscrits avaient été exhumés bien avant la première visite de M. de Gerville. Il suffisait, au surplus, de connaître et le savoir, et les goûts et les habitudes de M. de Saint-Victor, et l'activité intelligente et la timide humilité de M. Motet, pour douter des assertions de M. de Gerville, qui, par parenthèses, n'a envoyé sa brochure sur les antiquités du département de la Manche, ni à la bibliothèque, ni aux bibliothécaires d'Avranches.

Il m'est pénible d'avoir à faire ici de pareilles révélations, mais c'est encore de l'histoire, et je la dois tout entière. Après tout, on sait qu'il faut pardonner ces petites faiblesses aux laborieux antiquaires ; ils sont si naturellement, si souvent tentés de s'écrire des lettres de noblesse au bas d'un vieux parchemin, et de se faire un monogramme pour le tracer au pied d'une chartre !

Presque tous les manuscrits latins de l'abbaye du Mont-Saint-Michel, existent à la grande bibliothèque de Paris, les uns en originaux, les autres en copie; ceux-ci en cahiers séparés, ceux-là dans des collections.

Il faut en excepter : 1° le *Cartulaire du Mont-Saint-Michel*, manuscrit in-folio, sur vélin, bien conservé, qui contient plusieurs chartres et des monogrammes curieux. Il est orné de quatre grands dessins à la plume (1).

2° Le *Livre Vert du diocèse d'Avranches*, un volume in-4°, sur vélin, très-bien conservé, qui renferme aussi un assez grand nombre de chartres.

Encore trouverait-on, vraisemblablement, toutes, ou presque toutes les chartres de ces deux manuscrits, dans les recueils de chartres, manuscrits conservés à Paris, particulièrement dans ceux qui proviennent de l'abbaye de Saint-Germain-des-Prés.

3° Les diverses histoires et chroniques sur le Mont-Saint-Michel, comprises dans les volumes n°^{os} 24 et 34 (2).

D'après l'écriture, et en référant ensemble,

---

(1) V. notre frontispice.
(2) V. le catalogue.

des notes jetées çà et là, on reconnaît que ces manuscrits datent, pour une grande partie de leur contenu, des douzième, treizième et quatorzième siècles; mais aucun n'est écrit, d'un bout à l'autre, de la même main. Certaine partie des n°ˢ 24 et 34, notamment la chronologie précieuse que j'ai citée dans le corps de cet ouvrage, et qui m'a beaucoup servi, sont du quinzième ou du seizième siècle, et par conséquent assez difficiles à déchiffrer.

4° Et enfin le *Terrier*, ou Mémoire des rentes, etc., dues à l'abbaye du Mont-Saint-Michel.

Comme beaucoup de manuscrits *monastiques*, le *Chronicon minus*, l'*Historia hujus montis Gargani*, et le recueil des miracles et faits prodigieux, sont mêlés de *psaumes*, de paraphrases, d'épîtres, d'évangiles, de prières et de méditations, qui coupent le récit presque à chaque page; puis les auteurs de ces manuscrits s'empruntent réciproquement des passages entiers.

Il faut donc bien suivre le sens, en les lisant, pour ne pas perdre la suite de la chronique.

Parmi les manuscrits français, il y en a deux qu'on ne possède pas à Paris, savoir : les *Œuvres de Pierre Cousin, curé d'Avranches*, compilations, qui, au surplus, m'ont paru fort indigestes, et entassées avec assez peu de science et de goût. Ce manuscrit, en écriture ordinaire, et qui ne date que du xviiie siècle, peut cependant renfermer des morceaux précieux : je n'ai fait que le parcourir.

Et le *Terrier du Mont-Saint-Michel*, recueil sans importance aucune.

Quant à un *Manuscrit de Thomas Leroy*, dont parle M. de Gerville, et que j'ai vu si souvent cité dans cet antiquaire, il ne figure pas sur le catalogue. J'ajouterai que MM. de Saint-Victor et Motet m'ont affirmé n'en avoir jamais eu connaissance.

Médailles.

J'ai cru devoir faire dessiner et graver, pour compléter les documens de cette histoire, trois Médailles, les seules qui aient quelque antiquité, parmi celles qu'on a trouvées au Mont-Saint-Michel.

Comme je suis encore tout-à-fait étranger à la numismatique, j'ai consulté, M. Dumersan (du cabinet des médailles), et c'est à son obligeance que je dois les trois notes suivantes, sur les Médailles dont il s'agit.

Médaille de grand bronze.

DIVA FAVSTINA. Tête à droite de Faustine, femme d'Antonin.

R. AVGVSTA. Femme debout devant un autel. Dans le champ, S. C. (Senatus Consulte).

Médaille de billon.

IMP. M. IVL. PHILIPPVS AVG. Tête de Philippe avec la couronne radiée.

R. LAETIT. FVNDAT. (Lœtitia fundata). Femme debout, tenant d'une main un gouvernail, de la droite une patère ou une couronne.

Petit bronze.

CONSTANTINVS. AVG. Tête laurée à droite de Constantin-le-Grand.

R. SARMATIA DEVICTA. La Victoire debout, tenant de la droite un trophée, de la gauche une patère; à ses pieds un captif. — Exergue : PLCV.

Aucune de ces Médailles n'est d'une grande rareté : celle de *Philippe* est la seule qui m'appartienne.

Mais la *Faustine* est un document précieux, par rapport à l'histoire, l'*Itinéraire d'Antonin*, et par conséquent du Mont-Saint-Michel, au pied duquel passait une des routes de cet itinéraire, attribué par les uns à Antonin *le Pieux*, et par les autres, à son fils adoptif Antonin-Marc-Aurèle *le Philosophe;* et par d'autres, enfin, à Jules-César, à Caracalla et à Théodose.

L'invention de cette Médaille au Mont-Saint-Michel, où il a été trouvé plusieurs autres Faustines, me semble venir à l'appui de ceux qui ont attribué l'*Itinéraire* à Antonin-le-Pieux, ou à Antonin-le-Philosophe (1).

(1) « Quelques savans, dit Malte-Brun, ont pensé que l'Itinéraire tel que nous le connaissons, a été compilé par Ethicus, parce que la cosmographie de l'empire romain, de cet auteur, est souvent placée à la tête de cet itinéraire dans les manuscrits ; ils citent encore le témoignage de deux savans de Franconie, du xe et du xie siècle, qui attribuent cet ouvrage à Ethicus. »

Pour moi, il me semble probable, d'après la diversité des *Itinéraires d'Antonin*, et leur étendue non moins variée, selon les manuscrits et les éditions, qu'Antonin-le-Pieux (ou Antonin le Philosophe), avait fait commencer ce travail, qui a été continué après lui.

NOTICE

SUR

TOMBELÈNE.

L'histoire de Tombelène, est, presque tout entière dans celle du Mont-Saint-Michel, comme on a pu le voir, et il me reste peu de chose à dire sur ce mont. Ce n'est plus aujourd'hui qu'un îlot aride, élevé de quarante mètres environ, au-dessus de la grève, ayant pour base des rochers abruptes et déchirés, qui de leurs crêtes, crèvent au sommet le sol sablonneux. On y voit bien encore quelques pans de murailles en ruines, désormais informes, et puis une grotte naturelle au midi ; mais, ce sont là toutes les curiosités pittoresques qu'il offre à l'artiste et au poète, à moins qu'on ne remonte à une antiquité déjà bien éloignée (1).

Placé plus avant dans les grèves, le Mont-Tombelène est entouré par mer tous les jours sans exception, et son approvisionnement serait, par cette raison, plus difficile encore que celui du Mont-Saint-Michel. Aussi n'est-il plus habité depuis fort long-temps.

On a vu que Bernard, treizième abbé du Mont-Saint-Michel, avait bâti des cellules sur Tombelène. Il y avait établi trois de ses religieux, qui étaient relevés par d'autres au bout de trois ans.

Ce fut l'origine d'un prieuré dépendant de l'abbaye du Mont Saint-Michel, et qui existait encore au milieu du dix-septième siècle.

En 1220, on y éleva quelques fortifications, et les Anglais s'en emparèrent en 1273, et y

---

(1) V. pl. XI. On a vu plus haut que Tombelène est à peu près aussi grand que le Mont-Saint-Michel. Il ne faut donc voir dans cette planche de *variétés* que la forme du Mont.

bâtirent, en 1418, un château, dans lequel ils entretinrent une garnison jusqu'en 1449.

On y établit, sous Louis XIV, le siége d'un des gouvernemens de France, et le surintendant Fouquet y fit des constructions assez considérables, et y mit une garnison. Mais, après sa disgrâce, Tombelène fut complétement abandonné, et les fortifications furent détruites par ordre du roi, une dixaine d'années plus tard.

La chapelle de Tombelène, dédiée à Notre-Dame et à Sainte-Apolline, a survécu bien long-temps aux fortifications. Elle était encore entretenue quelques années avant la révolution de 1789, grâce à une pension faite pour une lampe perpétuelle, pension encore religieusement servie à cette époque. D'ailleurs, les pèlerins y venaient en grand nombre, et faisaient des offrandes dont le montant était assez considérable.

Et maintenant, voici ce qui nous reste de plus beau sur Tombelène : c'est une tradition épisodique du roman *du Brut*, dont l'origine se perd dans le lointain de la Mythologie du moyen âge, et qui fut traduite ou imitée en français au douzième siècle. Mon ami Leroux de Lincy, qui transcrit en ce moment le roman tout entier pour le faire imprimer, a bien voulu me communiquer ce morceau avec ses annotations.

Fragment sur Tombelène.

Typographie de A. Pinard, quai Voltaire, 15.

> Al port vinbrent asses matin *,
> A Barbeflue [1], en Couftentin ;
> Com ains peurent, bes nes iffirent [2],

* Extrait du Roman du Brut. Ce poème qui donna naissance à tous les romans de la Table ronde, fut, dit-on, composé en bas-breton vers les premiers siècles de notre ère. Walter, archidiacre d'Oxford, voyageant en France vers le commencement du douzième siècle, s'empara de cet ouvrage, et le communiqua à Geoffroi de Monmouth qui le traduisit en prose latine. Robert Wace, poëte du douzième siècle, le mit en vers français. La date de ce roman est à la fin, ainsi indiquée :

> Pois ke Dieu incarnation
> Prist por nostre redemption
> M. C L et cinq anz
> Fist mestre Wace cest roman.

La bibliothèque du roi possède cinq manuscrits de cet ouvrage. Trois ont été écrits au treizième siècle, deux au quinzième. C'est une des copies du treizième siècle que nous avons suivie pour cet extrait. Elle porte le n° 7515, 3. 3. f.^{ds} Colbert.

[1] Barbeflue. Barfleur, ville du département de la Manche ; son port est aujourd'hui comblé.

[2] Ils sortirent des vaisseaux comme ils purent.

Par la contrée s'espandirent,
Ses gens a Artus atendues
Qui n'erent pas encore venues;
Ni avoit mie mult atendu,
Quant il oi et dit li fu [1]
Que vn iaians mult corporrus [2]
Ert deuers Espaigne venus,
Niece hoel Helaine ot prise,
Rauie l'ot, el mont l'ot mise
Que ou mont Saint-Mikiel apele
Ni avoit autel ne capele
Del fluet del mer montant ert clos [3];
Ni avoit home el pais si os [4],
Ne bacelier, ne paisant
Tant orgheiller, ne si vaillant
Qui osast al iaiant combatre,
Ne la u [5] il estoit embatre [6],

[1] Et lui fut dit.
[2] Un géant très grand.
[3] Est fermé par les flots de la mer qui monte.
[4] Si osé.
[5] Ou.
[6] Ni venir là où il était.

Quant cil¹ del pais s'asambloient
Et pour combatre a mont aloient,
Souuent par mer, souuent par terre ;
Ne li ert gaires de lour guerre²
A roces lor nes depecoit³,
Mult en ocist, mult en noioit.
Tot lauoient laisie ester,
Nel osoient mais abesier,
Mult veissies as paisans
Maisons vuider, porter enfans,
Femes mener, bestes cacher,
Es mons monter, es bois muchier⁴
Par bois et par desers fuioient,
Et encore là morir quidoient.
Toute estoit la terre guerpie,
Toute sen ert la gent fuie⁵.
Li iaians ot non Dinabuc⁶

---

¹ Ceux.
² Il ne craignait guère leur attaque.
³ Il brisait leur vaisseau contre les rochers.
⁴ Cacher.
⁵ Tous les habitans furent à sa rencontre.
⁶ Le géant s'appelait Dinabuc.

Qui puisse prendre mal trebuc [1].
Quant Artus en oi parler,
Kue apela et Bedoër,
Ses senescax ert li premiers [2]
Et li autres ses bouteillers ;
Ne vout parler à nul autre home.
Cele nuit s'empars de prin some [3],
Ne voloit ost ob soi mener [4],
Ne cist afaire atoz moustrer.
Ne quidoit se il le seussent,
Que del iaiant pooir eussent [5].
Cil estoit tels et tant valoit
C'a [6] lui oscire seus aloit.
Toute nuit ont tant ceuaucie [7]
Et tant erre, et tant brocie [8]

---

[1] Puisse-t-il tomber en quelque piége.
[2] Le premier est son seneschal.
[3] Il part de nuit pendant le premier sommeil.
[4] Il ne voulait pas emmener de troupes avec lui.
[5] Qu'il ne se rendît maître du géant.
[6] Qu'à lui tuer, etc.
[7] Cheuaucher.
[8] Et tant cheminé et tant piqué leurs chevaux.

Par matin vindrent al riuage,
La u¹ il sorent le passage;
Sor le mont virent fu ardoir
De loin le porent ben veoir,
Vn autre mont i ot menour
Qui n'ert mie loins del grignour ².
Sor cascuns auoit fu ardant;
Por ce aloit Artus doutant
En quel mons li gaians estoit,
Et el quel mont le trouueroit;
Ni ot qui dire li seust,
Ne qui le iour veu l'eust ³.
A Bedoer dist quil alast
Et lun et lautre mont chercast.
Tant le querist quil le trouuast;
Puis reuenist, si li noncast.
Chil est en vn batel entres,
Al plus procain mont est ales,

¹ Ou. L'*u* seul a la prononciation de l'*ou*.
² Il y eut un autre mont plus petit qui n'était pas loin du grand.
³ Il n'y eut personne qui pût lui dire, ni qui ce jour l'ait aperçu.

Ni pooit autrement aler,
Car plains estoit li flos de mer;
Com fu venus al mont prochain
Et il montoit sus al terrain,
Si com il ot le mont monte
Vn seul petit a escoute
El mons oit grans ploureis,
Grans plors, grans sozpirs et grans cris,
Paour ot, si prist a fremir,
Car le iaiant cuida oir.
Mais sempres se resuerma [1]
S'espee traist [2], auant ala
Recouuré ot son hardement,
En pense ot et en talent
Que al iaiant se combatroit [3],
En auenture se metroit;
Et dist que por perdre la vie
Ne vouroit faire couardie.
Mais cest pense ot il en vain [4],

[1] Mais après il se raffermit, se rassura.
[2] Tire son épée.
[3] Il pense qu'il combattra le géant, et il en a le désir.
[4] Mais c'est en vain qu'il eut cette pensée.

Que quant il fu desus al plain
Vn fu ardant vit seulement
Et vn tombel fait nouuelement,
La tombe fut nouuelement faite.
Li quens vint là lespee traite,
Vne vielle feme a trouuee
Ses dras desrons, escauelee [1];
De iouste le tombel gisoit;
Mult se plaignoit et souspiroit;
Heleine souuent regretoit.
Grant doeil faisoit, grant cris ietoit.
Com elle ot Bedoer veut:
Caitis, dist ele, qui estu?
Quel male auenture te maine?
A honte, à dolour et à paine
L'estuet hui ta vie finer [2],
Se li iaiant te puet trouuer.
Maleureus, fui, tien ta voie
Que li auersiers [3] ne te voie,

---

[1] Ses vêtemens déchirés, échevelée.
[2] Il te convient de mourir aujourd'hui.
[3] Ennemi, méchant.

Car fil te voit, ià i morras,
Ja de la mort n'escaperas.

Bone feme, fait Bodoer,
Parole à moi, lai le plorer [1],
Di moi que as, por coi ploures?
En cest isle pourcoi demeures,
Qui gist en cele sepulture?
Conte moi toute l'auenture.
Jo sui, dist=ele, vne esgarée,
Vne lasse maleurée;
Je pleur por vne damoisele
Que ie norri a ma mamele
Helaine ot non, niec= hoel,
Chi gist li cors en cest tombel [2].
A norir me fu commandee;
Lasse por coi me fu liuree,
Lasse por coi lai ie norrie,
Quant vns deables l'a rauie;
Vns iaians moi et li raui

[1] Ne pleure plus.
[2] Son corps gist en ce tombeau.

Et moi et li aporta chi [1].
La pucele vout por gésir [2],
Mais tendre fu, nel pot souffrir,
Trop fu ahoges [3], et trop fu grans,
Trop lais, trop gros et trop grans;
Nel pot la bele soztenir,
L'ame li fist del cors partir.
Lasse, dolante ma dolour!
Ma ioie, mon debuit, m'amour,
A li iaians à honte ocise [4]
Et ie l'ai ci en terre mise.

Por coi, dist li quens, ne ten vas
Quant tu Helaine perdu as?
Veus tu, dist=ele, oir por coi.
Gentil home et cortois te voi,
Ni a vers toi nule celee [5].
Com Elaine fut deuiee

---

[1] Un géant enleva moi et elle, et moi et elle apporta ici.
[2] Il voulut la pucele pour coucher.
[3] Enorme.
[4] Ce géant a honteusement fait mourir.
[5] Il est inutile de rien te cacher.

Dont ie quidai del sens issir [1],
Car a honte la vi morir,
Morir la vi à grant dolour,
Dont j'ai au cuer mult grant irour [2].
Li iaiant me fist remaindre [3],
Por sa luxure en moi refraindre ;
A force m'a ci retenue,
Et a force m'a porgeue [4].
Sa force m'estuet otroier
Ne li puis mie desorchier [5] ;
Je nel fais mie de mon gre
Mais encontre ma volente ;
Ne gaires qu'il ne ma morte,
Mais plus suis vielle et plus sui forte,
Et plus sui grant, et plus sui dure,
Et plus sui forte et plus seure
Que ne su damoisele Helaine.
Et ne que tent, s'en a grant paine,

[1] Dont je pensai mourir.
[2] Très grande rage.
[3] Le géant me fit rester.
[4] Et par force m'a caressée.
[5] Je ne puis lui refuser.

Trestot li cors de moi s'en delt [1];
Et s'il vient ca, si com il selt [2],
Por sa luxure refroidir,
Ocis serai, sans demorer.
La sus est en cel mont qui fume [3]
S'empres venra [4], cest sa coustume,
Fui t'ent, amis, c'as tu ci quis [5]?
Que tu ne soies chi sorpris.
Lai moi plorer et faire doel,
Morte fuisse pieça mon voel,
Ma vi de lame lamistie [6].
Dont en ot Bedoe pitie,
Mult doucement la conforta.
Dont la guerpi [7], si sentorna.
Al roi vint si li a conté

[1] Tout mon corps en est souffrant.
[2] Comme il a coutume.
[3] Il est là haut sur ce mont d'où s'élève cette fumée.
[4] Après viendra.
[5] Prens la fuite, amis, qu'es-tu venu faire ici?
[6] Je fus déjà morte si mon vœu était accompli, ma vie est à moitié finie.
[7] Il s'en alla.

Ce quil a oï et trouué ;
De la vielle qui doel faifoit,
Et d'Elaine qui morte eſtoit,
Et del iaiant qui conuerſoit
En cel gregnor mont qui fumoit¹.

D'Elaine fu Artus dolens ;
Mais il ne fu couars, ne lens.
Al flot retraient de la mer²
A fait ces compaignons armer ;
A gregnor mont monte tantoſt
Et de la mer li mons deſcloſt³,
Lor palefrois et lor deſtriers
Ont commande as eſcuiers,
Contre mont funt tot trois monté
Artus Bedoer et Kue :
Je irai, diſt Artus, auant.
Si me combatrai al iaiant ;
Vous venres apres moi, ariere ;

¹ Et du géant qui était sur ce grand mont qui fumait. *Converser* veut dire ici : qui se livrait à ses habitudes.
² A la marée montante.
³ Et la mer ferme le mont.

Mais ben gardes que nus nel fere
Tant com ie me porrai aidier,
Ne ia, se ie n'en ai mestier [1],
Por moi aider ne vous mouues,
Se grant essoine ne vées [2].
Couardise me sambleroit
Se nus fors moi si combatroit;
Et ne que dent, se vous vees
Mon besoing, si me secores.
Chil ont ce quil dit otroié.
Puis ont le mont tot trois apuié.

Li iaians al fu se seoit,
Car de porc, al fu rostisoit [3].
En espoi en ot quit partie
Et es carbons en ot rostie [4];
La barbe auoit et les guernons

---

[1] Si je n'en ai besoin.

[2] Si vous ne voyez que j'en ai grand besoin.

[3] Le géant était assis auprès du feu. De la chair de porc au feu rôtissait.

[4] Il en coupa quelques parties dans l'épaisseur, et les mit rôtir sur les charbons.

Soillie de car quite es carbons [1].
Artus le quida ains sorprendre
Qu'il peust sa machue prendre;
Mais li iaians Artus coisi [2] :
Merueilla soi, en pies sailli,
Sa machue a as cols leuee,
Qui mult estoit grosse et quarree,
Qui paisant ne la portaissent [3]
Ne de terre ne la leuaissent.
Artus le vit en pies ester,
Et de ferir bien aprester;
L'espee traist, l'escu leua,
Son cief couuri, le coup douta ;
Et li iaians tel li bona
Que tous li mons en resona :
Et Artus tout en estona
Mais fors fu, point ne cancela [4].

[1] Il avait sa barbe et ses moustaches souillées de chair cuite aux charbons.

[2] Mais le géant aperçut Artus, fut surpris et se leva.

[3] Deux paysans ne l'eussent pas portée.

[4] Artus en fut tout étonné, mais il fut fort, il ne chancela point.

Artus senti le cop pesant;
S'espec cint, leua le branc,
L'escu fu bel cop empiries¹;
Li rois le voit, mult fu iries.
Le bras hauca et estendi,
Le iaiant sus el front feri
Les deus sorcieus² lui entama,
Le sans es ieus lui deuala
Es cheruels, et mort l'eust
Ja recourier, ni esteust³;
Mais li iaians a la machue
Contre le coup en haut tenue.
Guenci le cief, ariere estut,
Et ne que dent tel cop rechut⁴,

---

¹ L'escu fut entamé du coup.

² Sourcils.

³ Et la mort se fust deja emparé du géant ne fût son adresse.

4 Baissa la tête, sauta arrière et ne reçut le coup que dans les dents.

Que tout le vis enfanglenta
Et la veue li troubla.
Quant il fenti fes iex troubler
Dont veiffies iaiant deuer ¹,
Comme fangles parmi lefpie,
Quant li cien l'ont longhes cachie ²,
S'en bat contre le veneour.
Tout enfement, par grant irour
Corut au roi fi l'embraça
Ainc pour l'efpee nel laifa.
Grans fu et fors, parmi le prift
A genoillons venir le fift ³,
Mais f'empres fefuertua.
En pies reuint, fi fe dreca.

Artus fu forment airous,
Et merueilles engignous ⁴,

¹ Dont on peut voir le géant furieux.
² Comme le sanglier contre l'épieu quand les chiens l'ont chassé long-temps.
³ Il lui fit plier le genou.
⁴ Adroit.

Coureciefies fu et paor ot.
Efforca foi, tant com il pot,
A foi traift, et de foi f'enpainft [1]
Grant vertu ot point ne fe fainft;
En faillant, guenci dentrauers [2]
Del anemi f'eft des aers;
Par grant vertu li efcapa,
Ainc puis li iaians nel hapa.
Des quil fe fu de lui eftors [3],
Et delinré fenti fon cors.
Mult fu ifniar, entor ala,
Or ert de ca, or ert de la [4]
Ob l'efpee fouuent ferrant.
Et fil aloit as mains taftant,
Les ieus auoit tot plain de fanc.
Tant aloit Artus ganbiffant,
Souuent deriere, fouuent deuant,
Que defcaliboure la lemele

[1] Il s'efforça tant qu'il put d'échapper au géant.
[2] En sautant se mit de travers.
[3] Dès qu'il se vit débarrassé de lui.
[4] Il fut très agile, courut autour du géant de çà de là.

Lui enbati en la ceruele [1],
Traist et empainst, et cil cai [2];
Escalcira [3], si fist un cri.
Tel'escrois fist al caement,
Comme caines qui ciet par vent [4].
Dont commenca Artus à rire.
Adont su trepassée s'ire,
De loins estut, si lesgarda;
A son bouteiller commanda
Qu'al iaiant le cief treucast,
A un escuier le liurast
A lost le vout faire porter,
Pour faire à merueilles moustrer.
Chil a fait son commandement;
L'espee traist, le cief enprint;
Merueilles fu la teste grant
Et hideuse de cel iaiant.

[1] Qu'il lui mit la lame d'*Escalibur* en la cervelle. Escalibur était le nom de l'épée d'Artus.

[2] Le géant tomba.

[3] S'agita.

[4] Il fit en tombant tel bruit qu'un chêne abattu par le vent.

D'ou dist Artus, conques paour
N'avoit mais de iaians grignour.
Quant Artus ot le monstre ocis,
Et Bedoer ot le cief pris,
Joious et lie del mont tornerent.
Vindrent à l'ost, et si conterent
Il en quel lieu orent esté
Puis ont le cief a toz monstré.
Cil furent lie de la nouuele ;
Fist faire al mont vne capele.
Mais à hoël n'estoit pas bele :
Hoël fu dolans de sa nieche ;
Grant marement en ot grant piece [1],
Grant honte ot qu'ele ert si perie.
De ma dame sainte Marie
Fist faire el mont vne capele,
Que on ore tombe Helaine apele.
Del tombel u Helaine iut [2],
Tombe Helaine son nom reçut

[1] Il en eut une grande douleur.
[2] De la tombe où Helaine repose.

Del tombe u li cors fu mis
A tombe Helaine, ceſt non pris.
. . . .

CATALOGUE
DES MANUSCRITS
DE LA BIBLIOTHÈQUE
DE
L'ABBAYE DU MONT-SAINT-MICHEL.

TEXTES ET VERSIONS DE LA BIBLE.

Biblia sacra.—M. S. n° 40, 1 vol. in-4°.
Biblia sacra. —M. S.

HISTOIRES ABRÉGÉES ET FIGURES DE LA BIBLE.

S. Beda, de Tabernaculo.—M. S. n° 119, 1 vol. in-4°.

INTERPRÈTES DES LIVRES SÉPARÉS DE L'ANCIEN-TESTAMENT.

Summa magistri sententiarum. —M. S. n° 82, 1 vol. in-f°.
Magister sententiarum. — M. S. n° 90, 1 vol. in-f°.
Magister sententiarum in Psalmos pars prior Abelardi.—Commentaria in exameron varia selecta, n° 176, 1 vol. in-f°.
Magister sententiarum in Psalmos et glossarium in Canticum canticorum. —M. S. n°..., 1 vol. in-4°.
Ricardi Victoris varia Opera. —M. S. n° 139, 1 vol. in-f°.
S. Beda in Danielem, Reges et Genesim. — M. S. n° 19, 1 vol. in-f°.
S. Beda. In librum Regum. —M. S. n° 58, 1 vol. in-4°.

Rabanus in librum Regum et Machabæorum. — M. S. n° 148, 1 volume in-f°.

Rabani Expositio in Judith et Esther. — M. S. n° 102, 1 vol. in-f°.

Rabanus in Jeremiam. — M. S. n° 74, 1 vol. in-f°.

Radulphi flaviacensis in Leviticum. — M. S. n° 62, 1 vol. in-f°.

Glossa in Leviticum, Deuteronomium. — M. S. n° 133, 1 vol. in-f°.

Glossa in Ezechielem. — M. S. n° 108, 1 vol. in-f°.

Glossarium in Josue et Judith. — M. S. n° 85, 1 vol. in-f°.

Glossarium in Paralipomena, Exod., Tobiam et Judith; n° 101, 1 vol. in-4°.

Glossarium in Tobiam, Judith, Ruth, Esther et Esdram. — M. S. n° 96, 1 vol. in-4°.

Glossa in librum Regum. — M. S. n° 149, 1 vol. in-f°.

Glossa in vetus Testamentum, in Genesim et Exod. — M. S. n° 15, 1 vol. in-f°.

S. Augustini in Psalmos, à Psalmo: primo ad quinquagesimum; pars prima. — M. S. n° 31, 1 vol. in-f°.

S. Augustini Expositio in Psalmos. — M. S. n° 118, 1 vol. in-4°.

Speculum sancti Augustini tùm veteris quùm novi Testamenti et alia non edita. — M. S. n° 173, 1 vol. in-4°.

Beati Augustini quæstiones in Genesim. — M. S. n° 188, 1 v. in-f°.

Apologetica Pamphili martyris p. Origenem. — Ruffinus de Corruptione librorum Origenis et alia opera. — M. S. n° 104, 1 vol. in-f°.

Explanatio Origenis in Psalmos 106 et 107 et in Job, libri III. — M. S. n° 20, 1 vol. in-f°.

S. Gregorii Magni libri XVI in Job. — M. S. n° 75, 1 vol. in-f°.

Beati Gregorii magni in Ezechielem Expositio. — M. S. n° 125. 1 volume in-f°.

Glossa D. Gregorii in Job et in Matthæum. — M. S. n° 132, 1 volume in-f°.

D. Gregorii magni in Job libri XVIII. — M. S. n° 112, 1 vol. in-f°.

Commentaria in sancti Marci et S. Matthæi Evangelium. — M. S. n° 3, 1 vol. in-f°.

Lectiones de sacrâ Scripturâ excerptæ et vita sanctorum in nocturnis. — M. S. n° 187, 1 vol, in-f°.

In duos libros Machabæorum Commentaria. — M. S. n° 51, 1 volume in-f°.

Angelomi monachi Commentaria, seu Stromata in quatuor libros Reg. — M. S. n° 5, 1 vol. in-f°.

Commentaria in Psalmos, Evangelia et alia opera. — M. S. n° 125, 1 vol. in-f°.

In Psalterium commentaria ac in Sic et Non.—M. S. n° 47, 1 v. in-4°.

S. Hyeronimi in Genesim Expositio.—Bœmonis monachi in Genesim. —*Idem* in Deutoronomium.—Quædam homiliæ B. Augustini.—Hieronimi in Ezechielem et varia opuscula.—M. S. n° 97, 1 vol. in-f°.

Expositio in Psalmos Davidis.—M. S. n° 10, 1 vol. in-f°.

Alcuini in Genesim et Canticum canticorum expositio.—S. Isidori varia opera. — M. S. n° 129, 1 vol. in-f°.

INTERPRÈTES DU NOUVEAU-TESTAMENT.

Glossa in Evangelium sancti Joannis. — M. S. n° 124, 1 vol. in-f°.

Commentaria in S. Marci et S. Matthæi Evangelium. — M. S. n° 3, 1 vol. in-f°.

Glossarium in Lucam et Matthæum. — M. S. n° 122, 1 vol. in-f°.

S. Bedæ expositio in Marcum et Lucam.—M. S. n° 152, 1 vol. in-f°.

Haymo in Epistolas divi Pauli. — M. S. n° 174, 1 vol. in-f°.

Magister sententiarum in Epistolas B. Pauli. — M. S. n° 162, 1 volume in-f°.

Epistolæ S. Pauli collectæ ex libris B. Augustini, seu Floribergii, prima et secunda pars. — M. S. n° 87, 1 vol. in-f°.

Magister sententiarium. — Petri Longobardi in Epistolas S. Pauli. — Quædam alia opuscula et libri X Origenis in Epistolas ad Romanos. — M. S. n° 92, 1 vol. in-f°.

Glossarium in Marcum et Joannem,—M. S. n° 79, 1 vol. in-4°.

Glossa in sanctum Matthæum et Marcum. — M. S. n° 126, 1 v. in-f°.

Glossa in Matthæum.—M. S. n° 158, 1 vol. in-4°.

Idem. — M. S. n° 157, 1 vol. in-4°.

B. Bedæ scintillæ. — Epistolæ beati Pauli. — M. S. n° 39, 1 volume in-4°.

Glossa in Matthæum. — M. S. n° 105, 1 vol. in-4°.

De summâ Magistri à Joanne de Villa. — M. S. n° 156, 1. v. in-4°.

Glossa in Epistolas beati Pauli. — M. S. n° 183, 1 vol. in-4°.

Divi Hyeronimi Commentaria in Epistolas beati Pauli ad Galatas, ad Ephesios, ad Philemonem. — M. S. n° 8, 1 vol. in-4°.

Postillæ in Joannem (quidam versus), et Commentaria in exam. P. Abaiturdis. — M. S. n° 204, 1 vol. in 4°.

Ruffinis Explanatio Origenis super Epistolam B. Pauli ad Romanos. — M. S. n° 185, 1 vol. in-4°.

PHILOLOGIE SACRÉE. — INTERPRÉTATIONS ET DISSERTATIONS CRITIQUES SUR L'ÉCRITURE SAINTE.

Annotationes Hugonis in Scripturas. — M. S. n° 84, 1 vol. in-4°.
Selecta in Scripturâ sacrâ. — M. S. n° 127, 1 vol. in-4°.
Patherii de testimoniis novi veterisque Testamenti Expositio collecta ex beato Gregorio papâ. — M. S. n° 106, 1 vol. in-f°.

LITURGIES.

Isidori Meratoris Breviarium, canonum et ejusdem alia opuscula. — M. S. n° 109, 1 vol. in-f°.
Missale Romanum. — M. S. n° 16, 1 vol. in-f°.
Evangelia decantanda ad matutinum cum benedictione cerei paschalis et orationibus per totum annum. — M. S. n° 128, 1 vol. in-4°.
Missale sancti Gregorii papæ. — M. S. n° 192, 1 vol. in-f°.
Cæremoniale et ordo officii divini recitandi. — M. S. n° 35, 1 volume in-4°.

LITURGIES PARTICULIÈRES.

Breviarium S. Michaelis, pars hyemalis. — M. S. n° 63, 1 vol. in-f°.
Missale in quo reperiuntur præfationes et orationes inusitatæ sed non contemnendæ. — M. S. n° 94, 1 vol. in-f°.
De Officiis ecclesiasticis. — M. S. n° 190, 1 vol. in-4°.
Cæremoniale monasterii sancti Michaelis. — M. S. n° 134, 1 v. in-4°.
Missale in quo reperiuntur præfationes non spernendæ, licet non sint in usu. — M S. n° 53, 1 vol. in-1°.

OUVRAGES DES SS. PÈRES GRECS.

S. Gregorii pastoris Vita sanctæ Mariæ Egyptianæ metro edita. — Epistolæ sancti Hyeronimi. — Dicta Noli monachi. — Fragmenta quædam ex libro moralium S. Gregorii, aliique tractatus sine titulo; 1 volume in-4°.
Hugonis magistri in B. Dyonisium Areopagitam. — M. S. n° 68, 1 volume in-4°.
S. Dyonisii Areopagitæ Opera. — M. S, n° 77, 1 vol. in-f°.
Homiliæ diversæ SS. PP. Pia evangelia per annum. — M. S. n° 81, 1 vol. in-f°.

Constantini Flaviani monachi cassiniensis libri. — M. S. n° 117, 1 volume in-f°.

Expositio magistri Hugonis in hierarchium sancti Dyonisii Areopagitæ. — M. S. n° 191, 1 vol in-f°.

Gregorii Naziansis.

OUVRAGES DES SS. PP. LATINS ET DE QUELQUES AUTRES ÉCRIVAINS ECCLÉSIASTIQUES.

S. Augustinus de Gratiâ; et alia opuscula ejusdem. — M. S. n° 136, 1 vol. in-4°.

Historiæ sancti Hugunis de S. Victore.—M. S. n° 177, 1 vol. in-4°.

Sancti Augustini quædam Opera, quatuor sermones in paschæ solemnitate nondum editi —Sententiæ Alcuini de virtutibus.—M. S. n° 147, 1 vol. in-4°.

S. Augustini contra Academicos, et varia opuscula ejusdem. — M. S. n° 243, 1 vol. in-4°

S. Isidori Soliloquia, libri duo. — Sermo beati Augustini de decem chordis. — De disciplinâ christianorum. — De adulterinis conjugiis. —Pronosticon S. Juliani.—Dogma ecclesiasticon Gennadii Massiliensis. —De Curâ pro mortuis. — Pænitentia Origenis papæ. — M. S. n° 98, 1 vol. in-4°.

S. Augustini opuscula.—M. S. n° 50, 1 vol. in-4°.

S. Augustini libri tres contrà Parmenianum. — Liber unus contrà Adinantium. — Libri duo de Nuptiis et Concupiscentiâ. — M. S. n° 52, 1 vol. in-4°.

Isagoge Porphyrii et Dialogi Aristid. — M. S. n° 45, 1 vol. in-4°.

S. Augustini libri quatuor contrà Cresconium grammaticum et Donatistum, et alia opuscula. — M. S. n° 36, 1 vol. in-4°.

S. Augustini Sermones de verbis Domini, Sermo de veteribus et novis scripturis adversus Arianos, Sermo de verbis apostolorum. — M. S. n° 37, 1 vol. in-f°.

S. Augustini libri de Trinitate. — M. S. n° 41, 1 vol. in-f°.

Commentaria Hyeronimi in Danielem, in eodem t. contin. Aurelii Augustini homilia in Epist. beati Pauli apostoli. — M. S. n° 2, 1 volume in-f°.

S. Augustini Epistola ad Hyeronimum in Epist. b. Pauli. — M. S. n° 164, 1 vol. in-f°.

B. Thomæ Acquinatis contra impugnantes religionem Opusculum.— M. S. n° 165, 1 vol. in-f°.

S. Augustinus in Faustum hæretic. Manichæum. — M. S. n° 161, 1 vol. in-f°.

D. Hyeronimus contrà Ruffinum, et Ruffinus contra Hyeronimum.— M. S. n° 78, 1 vol. in-f°.

Milleloquium S. Ambrosii.—M. S. n° 70, 1 vol. in-f°.

S. Augustinus in Psalmos pars tertia.—M. S. n° 110, 1 vol. in-f°.

S. Augustinus de Civitate Dei. — M. S. n° 76, 1 vol. in-f°.

S. Ambrosii Expositio de fide. — M. S. n° 160, 1 vol. in-4°.

Aurelii Prudentii Clementis, viri consularis, libri IX, contrà Symmachum — Passio beati Pauli.—M. S. n° 163, 1 vol. in-4°.

Epistola B. Pauli cum pluribus aliis. — M. S. n° , 1 vol. in-4°.

Yvonis carnutensis varia opuscula. — M. S. n° 144, 1 vol. in-4°.

Beati Hieronimi de vitâ Patrum. — M. S. n° 73, 1 vol. in f°.

Milleloquium S. Ambrosii.—M. S. n° 175, 1 vol. in-f°.

Idem. — M. S. n° 171, 1 vol. in-f°.

S. Ambrosii Opera. — M. S. n° 26, 3 vol. in f°.

Beati Cassiani Opera. — M. S. n° 167, 1 vol. in-f°.

S. Gregorii Magni Homiliæ in evangelia. —M. S. n° 180, 1 v. in-f°.

S. Gregorii Magni Epistolæ. — M. S. n° 57, 1 vol. in-f°.

Eugyppus, varia excerpta S. Augustini opuscula.—Ejusdem S. Augustini opuscula. — M. S. n° 155, 1 vol. in-f°.

S. Augustini de Baptismo. — De Donatist. — De Mendacio. —De Immortalitate et Origine animæ, et varia ejusdem opera.— M. S. n° 99, 1 vol. in-f°.

Libri VII S. Augustini super eptatheucum de locutionibus ; ejusdem super eptatheucum de quæstionibus libri VII. — M. S. n° 135, 1 volume in-f°.

S. Augustini adversus libros Juliani hæretici pelagiani. — M. S. n° 150, 1 vol. in-f°.

S. Ambrosii de Isaac et de Animâ. — Ejusdem de Fugà seculi.— Alia ejusdem opera. — S. Augustini varia opera.— M. S. n° 169, 1 volume in-f°.

Hyeronimus de hebraïcis Quæstionibus.—M. S. n° 140, 1 v. in-4°.

S. Hieronymi Commentaria in Isaiam et Ozeam. — M. S. n° 11, 1 vol. in-f°.

S. Cypriani Epistolæ. — S. Augustini de Immortalitate animæ — et liber apologeticus Orasii. — M. S. n° 38, 1 vol. in f°.

Joannis scoli Periphysicon, pars posterior. — Summa theologica Stephani Longobardi. — M. S. n° 111, 1 vol. in-f°.

Compendium theologicum. — M. S. n° 69, 1 vol. in-4°.

Rabanus de Institutione clericorum et aliis rebus. — M. S. n° 95, 1 vol. in-4°.

S. Augustini de Catechisandis rudibus. — Varia opera ejusdem. — S. Anastasii de miraculis quæ fecit imago Christi morientis. — Expositio missæ — de Trinitate Boëtius. — M. S. n° 179, 1 vol. in-f°.

Summa Magni Guillelmii putavensis. — M. S. n° 44, 1 vol. in-4°.

THÉOLOGIE. — PANÉGYRIQUES OU SERMONS.

Homiliæ S. Hilarii in Matthæum. — Petri Isodori Sententiæ XX excerpta ex libro tertio sententiarum. — M. S. n° 48, 1 vol. in-f°.

Sermones Leonis Magni papæ — M. S. n° 189, 1 vol. in-f°.

Expositio super prophetas et plures sermones S. Augustini. — M. S. n° 120, 1 vol. in-4°.

Sermones de Abbate Villa cardinalis fabuniensis. — M. S. n° 103, 1 vol. in-4°.

Legenda aurea Jacobi Sanuensis, seu illius sermones per annum. — M. S. n° 48, 1 vol. in-f°.

Yvonis carnutensis episcopi Sermones. — M. S. n° 142, 1 vol. in-f°.

Sermones Philippi cancellarii pariensis. — M. S. n° 133, 1 v. in-4°.

Homiliarum quadragesimale, in eodem tomo : 1° Chronica Flodoardi; 2° vita S. Ambrosii. — M. S. n° 4, 1 vol. in-f°.

Homiliæ per annum. — M. S. n° 4, 1 vol, in-f°.

Homiliæ sive Sermones divi Augustini — plauresque sermones sub nomine S. Maximi. Multi etiam absque auctore. — M. S. n° 9, 1 volume in-f°.

Sermones Augusti in Epistolas per annum. — M. S. n° 168, 1 volume in-f°.

Sermones varii. — M. S. n° 178, 1 vol. in-4°.

Sermones in dominicis per totum annum. — M. S. n° 141, 1 volume in-4°.

Flores Origenis super vetus Testamentum. — M. S. n° 13, 1 v. in-f°.

Origenis homiliæ in vetus Testamentum. — M. S. n° 6, 1 vol. in-f°.

Idem. — M. S. n° 25, 1 vol. in-f°.

THÉOLOGIE ASCÉTIQUE.

Livre de prières. — M. S. n°   , 1 vol. in-12.

S. Effremi diaconi de compunctione lacrymarum. — M. S. n° 130, 1 vol. in-4°.

THÉOLOGIE POLÉMIQUE.

Rhetorica divina Guillelmii pariensis. — M. S. n° 55, 1 vol. in-f°.
Dictionarium theologicum.—M. S. n° 114, 1 vol. in-f°.
Epistolæ Yvonis carnutensis episcopi. — M. S. n° 93, 1 vol. in-4°.

Hyeronimi libri duo contrà Jovinianum. — Augustinus contrà Felicianum ; altercatio Arnobii et Serapionis.— Item Augustinus in Epistolas ad Galatas ; altercatio luciferiani et orthodoxi edita à Hyeronimo. Item Ambrosius de bonâ morte. —M. S. n° 43, 1 vol. in-f°.

DROIT ROMAIN.

Codex Justiniani.—M. S. n° 72, 1 vol. in-f°.
Codex Justiniani. — M. S. n° 83, 1 vol. in-4°.
Codex Justiniani.—M. S. n° 170, 1 vol. in-f°.
Liber Digestorum. — M. S. n° 67, 1 vol. in-f°.
Institutiones Justiniani cum notis.—M. S. n° 7, 1 vol. in-f°.
Joannes de Hisdig in evangelium et Justiniani codex.—M. S. n° 65. 1 vol. in-f°.
Azo in Codicem Justiniani et Institutiones.— M. S. n° 153.

DROIT FRANÇOIS ANCIEN.

Capitularia Caroli Magni imperatoris et Ludovici filii ejus, collecta ab Ansegiso abbate lobiensi, alia collecta à Budeo diacono.—M. S. n° 121, 4 vol. in-f°.

LETTRES DES PAPES, CANONS, DÉCRÉTALES.

Decretales Gregorii IX.— M. S. n° 42, 1 vol. in-4°.
Decretales Gregorii papæ.— M. S. n° 107, 1 vol. in-f°.
Decretales Bonifacii et S. Clementis.—M. S. n° 60, 1 vol. in-4°.
Decretales Gregorii XIII.— M. S. n° 113, 1 vol. in-f°.
Decretum Gratiani.— M. S. n° 66, 1 vol. in-f°.

Decretalium libèr et digesti. — M. S. n° 21, 1 vol. in-f°.
Decretalium libri VI. — M. S. n° 29, 1 vol. in-f°.
Decretalia et alia opera. — M. S. n° 88, 1 vol. in-f°.
Decretalia et fragmenta chronicarum. — M. S. n° 86, 1 vol. in-f°.

PHILOSOPHIE. — PHILOSOPHES ANCIENS.

Epistolæ seu litteræ morales L. A. Senecæ ad Lucillium, libri XX. — M. S. n° 54, 1 vol. in-f°.
Aristotelis Organum. — M. S. n° 115, 1 vol. in-12.
Aristotelis Analyticon. — M. S. n° 116, 1 vol. in-8°.
Aristotelis Metaphysica. — M. S. n° 100, 1 vol. in-4°.
Aristotelis Physica. — M. S. n° 1er, vol. in-f°.
Aristotelis Physica et alia opera. — M. S. n° 159, 1 vol. in-4°.
Aristotelis Physica cum notis. Tractatus de intellectibus. Ethica Aristotelis. Liber Galieni de elementis Hyppocratis. Libri VIII Aristotelis de Generatione et Corruptione. — M. S. n° 91, 1 vol. in-4°.
Aristotelis Philosophia moralis. — M. S. n° 56, 1 vol. in-f°.

PHILOSOPHES MODERNES.

Commentaires de Nicolas Oresme sur les politiques et économies d'Aristote. — M. S. 1 vol. in-f°.

MÉDECINE. — THÉRAPEUTIQUE.

Constantinus monachus de Medecinâ. — M. S. n° 89, 1 vol. in-4°.
De Astronomiâ Ptolemœi, regulæ ejusdem super Astrolabium et varia opera. — M. S. n° 145, 1 vol. in-4°.
Summa Schevrelii de Astronomiâ antiquâ, Plato de Republicâ, Socratis Dicta et Apophtegmata. — M. S. 184, 1 vol. in-4°.

MUSIQUE.

Boetius Severinus de Musicâ Pythagoræ, libri V. — M. S. n° 49.
Le même, sans couverture. (Ils sont à côté l'un de l'autre et cotés 49 et 49 bis.) — M. S. n° 49 et 49 bis, 2 vol. in-4°.

BELLES-LETTRES. — GRAMMAIRE.

Dictionarium etymologicum. — M. S. n° 27, 1 vol. in-f°.

ORATEURS LATINS.

Cicero de Cratore. — M. S. n° 145, 1 vol. in-4°.
Cicero de Off. libri III, Tusculanorum libri V. — S. n° 182 1 vol. in-4°.

POÈTES LATINS.

Synodii Apollinaris Epistolæ. — M. S. n° 131, 1 vol. in-4º.

POLYGRAPHES LATINS.

Marcianus libri de Nuptiis, Mercurii et Philologiæ. — M. S. n° 161, 1 vol. in-4°.

1° Boetius in Isagorem Porphirii; 2° in libros Aristotelis; 3° Cathegoriæ Aristotelis, à S. Augustino in latinum mutatæ; 4° Trajani imperatoris versus de Bello Parthico; 5° Apuleii Perichermenia. — M. S. n° 12, 1 vol. in-f°.

De Dictis et Factis memorabilibus antiquorum libri IX. Valerius Maximus. — M. S. 1 vol. in-f°.

POLYGRAPHIE FRANÇAISE.

Œuvres de M. Pierre Cousin, ancien curé de Saint-Gervais d'Avranches. — M. S. 20 vol. in-f°.

HISTOIRE. — CHRONOLOGIE.

Chronicarum Hyeronimi et Roberti ab origine mundi. — M. S. n° 186, 1 vol. in-f°.

Jordanis Historia persecutionis Africanæ provinciæ; Gesta Roberti Guiscardi normani, et alia. — M. S. n° 154, 1 vol. in-4°.

Legenda aurea Jacobi januensis. Chronologia brevis ab Arsamo ad Christum. — M. S. 166, 1 vol. in-4°.

HISTOIRE ECCLÉSIASTIQUE.

Le Livre vert du diocèse d'Avranches. — M. S. n° 194, 1 vol. in-f°.
Terrier et Mémoires des rentes dues par divers particuliers aux moines du Mont-Saint-Michel. — M. S. n° 151, in-f°.
Fundatio et miracula S. Michaelis in tumbâ : 2° Oraisons aux angels

du paradis et principalement à l'angel qui nous est de garde. — M. S. n° 24, 1 vol. in-4°.

Eusebii cæsariensis Historia ecclesiastica cum supplemento Ruffini. — M. S. n° 46, 1 vol. in-4°.

1° Martyrologium romanum ; 2° abbatiæ Constitutiones montis sancti Michaelis in periculo maris ; 3° Regula beati ordinis sancti Benedicti. — M. S. n° 14, 1 vol. in-f°.

Historia montis Gargani et hujus montis tumbæ et chronicum. — M. S. n° 34, 1 vol. in-f°.

Beati Heraclidis heremitæ de Vitis plurimorum SS.—Epistola Fulbert espiscopi Roberto regi. — Augustini liber de Magistro, cujus initium deest. — M. S. n° 138, 1 vol. in-f°.

Dialogi S. Gregorii papæ, libri IV, de vitâ Patrum Italiæ. — M. S. n° 17, 1 vol. in-f°.

Historia monasterii S. Michaelis. — M. S. n° 80, 1 vol. in-f°.

Histoire de la célèbre abbaye du Mont-Saint-Michel, au péril de la mer, recueillie des anciens titres et chartres par Jean Huynes, qui la composa en 1638. — M. S. sur papier, n° 22, 1 vol. in-f°.

Historia sancti Clementis papæ per Ruffinum. —M. S. n° 181, 1 volume in-f°.

Vitæ aliquorum sanctorum. —M. S. n° 71, 1 vol. in-f°.

HISTOIRE BYZANTINE OU DU BAS-EMPIRE.

Julii Florii Historia, et Historia byzantina Nicephori Gregoræ.—M. S. In° 23, 1 vol. in-f°.

EXTRAITS HISTORIQUES.

Valerius Maximus. Expositio. — M. S. n° 64, 1 vol. in-f°

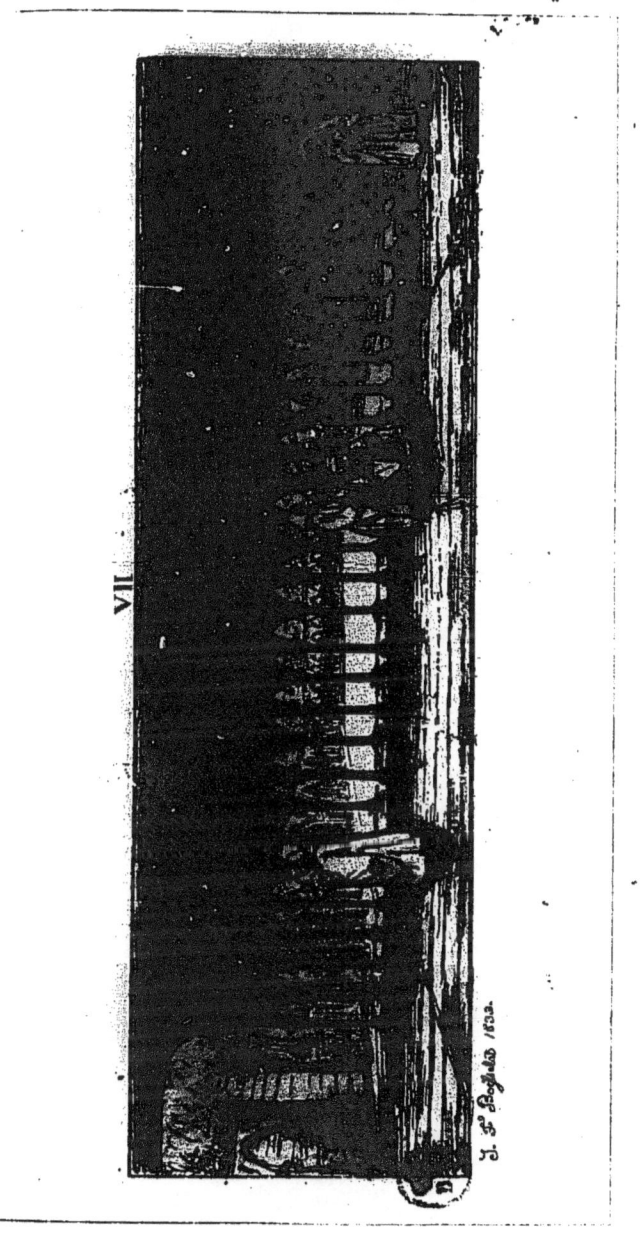

www.ingramcontent.com/pod-product-compliance
Lightning Source LLC
Chambersburg PA
CBHW071139160426
43196CB00011B/1938